Regina Paulista Fernandes Reinert

Rua Clara Vendramin, 58 . Mossunguê . Cep 81200-170 . Curitiba . PR . Brasil
Fone: (41) 2106-4170 . www.intersaberes.com . editora@intersaberes.com

Conselho editorial Dr. Ivo José Both (presidente), Drª Elena Godoy, Dr. Neri dos Santos, Dr. Ulf Gregor Baranow ▪ **Editora-chefe** Lindsay Azambuja ▪ **Gerente editorial** Ariadne Nunes Wenger ▪ **Assistente editorial** Daniela Viroli Pereira Pinto ▪ **Preparação de originais** Ghazal Edições e Revisões ▪ **Edição de texto** Letra & Língua Ltda. – ME, Guilherme Conde Moura Pereira ▪ **Capa** Luana Machado Amaro ▪ **Projeto gráfico** Mayra Yoshizawa ▪ **Diagramação e *designer* responsável** Luana Machado Amaro ▪ **Iconografia** Regina Claudia Cruz Prestes

Dados Internacionais de Catalogação na Publicação (CIP)
(Câmara Brasileira do Livro, SP, Brasil)

Reinert, Regina Paulista Fernandes
 Sociologia geral e jurídica/Regina Paulista Fernandes Reinert. Curitiba: InterSaberes, 2021. (Série Estudos Jurídicos: Direito Criminal)

 Bibliografia.
 ISBN 978-65-89818-24-3

 1. Direito 2. Sociologia 3. Sociologia jurídica I. Título II. Série.

21-61388   CDU-34:301

Índices para catálogo sistemático:
1. Sociologia jurídica 34:301

Cibele Maria Dias – Bibliotecária – CRB-8/9427

1ª edição, 2021.

Foi feito o depósito legal.

Informamos que é de inteira responsabilidade da autora a emissão de conceitos.

Nenhuma parte desta publicação poderá ser reproduzida por qualquer meio ou forma sem a prévia autorização da Editora InterSaberes.

A violação dos direitos autorais é crime estabelecido na Lei n. 9.610/1998 e punido pelo art. 184 do Código Penal.

Sumário

9 ▪ *Apresentação*

Capítulo 1
13 ▪ **Contexto histórico do nascimento da sociologia**
15 | Primeiros contextos históricos
21 | Revolução Inglesa
24 | Revolução Francesa
28 | O século XIX e o nascimento das ciências sociais

Capítulo 2
47 ▪ **Émile Durkheim (1858-1917)**
48 | Sociologia durkheimiana
53 | Fato social
62 | Divisão do trabalho social
66 | Consciência coletiva, solidariedade mecânica e direito penal
69 | Consciência individual, solidariedade orgânica e direito civil
79 | Direito repressivo e direito restitutivo
82 | Suicídio
89 | Durkheim na atualidade

Capítulo 3
99 ▪ Karl Marx (1818-1883)
100 | Sociologia marxiana
105 | A concepção da história em Marx
110 | Mais-valia
115 | Mercadoria, fetiche da mercadoria e teoria do valor-trabalho
132 | Dialética idealista hegeliana e teoria materialista
140 | Infraestrutura, superestrutura e direito
147 | Marxismo e direito na contemporaneidade

Capítulo 4
157 ▪ Max Weber (1864-1920)
158 | Sociologia weberiana
162 | Crítica ao positivismo
163 | Objeto e método
174 | Relação social
178 | Poder e dominação
187 | Racionalização, burocratização e desencantamento do mundo
203 | Sociologia jurídica em Max Weber

215 ▪ *Considerações finais*
221 ▪ *Referências*
225 ▪ *Sobre a autora*

A André Peixoto da colega, admiradora e amiga, Regina.

Apresentação

No caos da modernidade do século XIX, novas áreas e disciplinas de conhecimento das humanidades apareceram para contribuir no entendimento das sociedades que, naquele contexto, estavam em desordem. Ao mesmo tempo, essas novas disciplinas visavam colaborar para uma nova reorganização da vida social.

De modo sucinto, podemos afirmar que o objeto da sociologia é a vida social, ou seja, o comportamento humano orientado pela coletividade, uma vez que essa ciência se preocupa em desvendar o comportamento dos indivíduos orientados pela vida coletiva. Desse modo, não interessa para a sociologia estudar comportamentos que têm origem apenas na vontade exclusiva e individual dos sujeitos, ou seja, comportamentos que advêm das vontades subjetivas e individuais não são objeto da sociologia.

A sociologia teve, além de Augusto Comte, seu primeiro pensador, mais três fundadores básicos. Tudo o que se faz na área da sociologia está sob a perspectiva de um destes três teóricos, ou na mistura deles: Émile Durkheim, Karl Marx e Max Weber. Cada um deles tem metodologia e propostas diferentes. Ao juntarmos os três fundadores, temos ferramentas e materiais bastante profícuos para entender a vida social.

Então, para compreendermos a sociologia e seus principais teóricos de forma relacionada ao direito, bem como para analisarmos de que modo o direito tem, ainda hoje, relações com esses pensadores, nesta obra nos propomos a estudar não apenas o contexto histórico de nascimento da sociologia, mas também, de modo separado, todas essas três principais vertentes sociológicas. Com vistas ao alcance desses objetivos, estruturamos este livro em quatro capítulos.

No Capítulo 1, buscamos entender as bases históricas da sociologia, os primeiros conceitos de indivíduo e de sociedade. Evidenciamos que, antes, os comportamentos das pessoas eram sempre percebidos como se fossem orientados unicamente pelas escolhas pessoais, ou seja, a responsabilidade das ações, em geral, sempre recaía sobre o indivíduo, como se este fosse o único responsável por uma escolha subjetiva de seu comportamento. Quando se começou a ponderar que muitos comportamentos e fenômenos sociais estão relacionados a outros indivíduos e a instituições, surgiu a ideia de *relação social*.

As orientações do indivíduo, tanto filosóficas quanto políticas, econômicas, religiosas ou morais, dependem de suas relações sociais, por trás das quais existem instituições de controle social, que fazem o papel de passar para o indivíduo quais são os comportamentos mais desejáveis dentro de determinados marcos sociais. Por mais liberdade que uma sociedade possa dar aos seus cidadãos, em algum momento ela limitará, mais ou menos, certas condutas.

No Capítulo 2, analisamos a obra de Durkheim, que desenvolveu conceitos como *fato social*, *anomia*, *comportamento normal ou patológico* e postulou os fundamentos pelos quais a violência na sociedade aumenta. O teórico abordou o tema da solidariedade e fez uma relação com os tipos de direito (penal e civil). Além disso, esclarecemos que o *direito positivo* tem essa designação não só porque conta com normas e regras positivadas, mas, antes de tudo, porque tem origem no *fato social*, que é um conceito da sociologia de Durkheim. Desse modo, a lei, que antes era decidida pela vontade do rei, passou a estabelecer parâmetros considerando o fenômeno social. A sociologia jurídica só concordará com o legislador se o fato sobre o qual ele legisla tiver origem em relações sociais.

Por sua vez, no Capítulo 3, discutimos Marx, que é diferente dos outros fundadores. É autor de uma obra grandiosa, que abarca praticamente todas as áreas do conhecimento, ou seja, Marx não foi apenas um sociólogo, mas também economista, filósofo, jurista e político. A grande inovação do pensamento de

Marx foi a proposta de que as sociedades fossem entendidas a partir de duas condições: a infraestrutura, que é a base material (econômica) da sociedade, e a superestrutura, que contém as ideias que surgem a partir dos interesses de poder que ocorrem na base. A chave para entender o pensamento marxiano é que não são as ideias (o direito, as leis, o Estado, a justiça, a filosofia, a ideologia) que organizam a base da sociedade. Ao contrário, as ideias são o reflexo dessa sociedade.

No Capítulo 4, por fim, abordamos a obra de Weber, autor do início do século XX que desenvolveu o conceito de *ação social*, que difere bastante do conceito durkeimiano de *fato social*. A análise weberiana parte sempre do indivíduo para explicar a sociedade, e o conceito de *ação social* é trabalhado no âmbito do direito quando se têm indivíduos que respondem mais ou menos à expectativa de outros. Se tirarmos esse outro e colocarmos a lei, a relação permanece a mesma: um cidadão age mais ou menos em relação à lei conforme a expectativa da lei ou conforme os interesses dele quanto à lei. Em uma sociedade democrática, as pessoas se orientam em relação às leis de acordo com seus interesses individuais, assim como colocam seus interesses nas relações que estabelecem. Se o jurista faz uma lei que atende aos interesses de determinado cidadão, a probabilidade de esse cidadão obedecer à lei é muito maior. Quanto mais uma lei consegue atender aos interesses de um maior número de cidadãos, mais respeitada será.

Capítulo 1

Contexto histórico do nascimento da sociologia

A sociologia é uma ciência relativamente nova, nascida no contexto das grandes revoluções liberais iniciadas século XVII, na Inglaterra, e, depois, no século XVIII, na França. Ao longo do tempo, o continente europeu vivenciou uma série de profundas transformações políticas, econômicas, sociais e culturais que não só alteraram seus países, mas também redefiniram as características básicas de todo o Ocidente e, atualmente, de todo o mundo.

Podemos dizer, então, que a Revolução Industrial foi o estopim de uma série de transformações econômicas e sociais ocorridas na sociedade moderna (e que reverberam ainda hoje) e, por sua vez, que a Revolução Francesa mudou de forma irreversível os ideais de política e de Estado. A partir dessas revoluções, novas culturas e novos paradigmas foram estabelecidos nessas sociedades.

Com o fim da sociedade estamental feudal e teocêntrica, resquícios da Idade Média, e a vinda do Iluminismo, processo que foi iniciado com o Renascimento e a Reforma Protestante, a maneira de se olhar o mundo e a vida foi profundamente transformada; por exemplo, o absolutismo e a autoridade divina passaram a ser questionados.

De modo resumido, foi a partir desse contexto histórico que os primeiros teóricos da sociologia – Durkheim, Marx e Weber, que abordaremos nos capítulos seguintes desta obra – formadores da sociologia clássica, ocuparam-se em dar respostas aos problemas que afligiam os seres humanos dos séculos XIX e XX, e cada um deles desenvolveu um conjunto de teorias e conceitos para interpretar as transformações sociais da Idade Moderna.

Portanto, com a finalidade de compreender essas teorias e, por fim, de analisar como elas servem para a interpretação jurídica na contemporaneidade, analisaremos, neste capítulo, o contexto histórico do nascimento da sociologia.

— 1.1 —
Primeiros contextos históricos

O fim da Idade Antiga (476 d.C.) foi marcado pela ocupação e pela fragmentação das terras do antigo domínio romano pelas tribos germânicas. Naquele período, teve início o sistema de comunidades de aldeia, uma vez que os germânicos desconheciam a propriedade privada da terra. Assim, constitui-se uma aristocracia agrária, sob cuja proteção se colocaram os camponeses livres, que, paulatinamente, se transformaram em servos.

O trabalho dos servos era cultivar primeiramente a terra que o senhor destinara para si mesmo e, depois, outro pedaço da terra para sua própria subsistência, em um sistema denominado *corveia*. Havia, também, as terras comunais, utilizadas livremente pelos camponeses e pelo senhor (Nunes, 1997).

Apesar das exigências crescentes dos senhores, cada vez mais pessoas (vassalos) deixavam de participar da produção, embora precisassem ser sustentadas. Consequentemente, a classe servil passou a ficar mais sobrecarregada, e, em muitos casos, os servos fugiam para as cidades. Os que não eram acolhidos nas cidades formavam bandos de marginas errantes e esfomeados.

Ao mesmo tempo, a expansão do comércio passou a exigir um aumento incessante da produção de mercadorias, o que levou os artesãos a empregar cada vez mais mão de obra oriunda dos feudos. A produção artesã, fora da relação senhor/servo, foi fator importante na desagregação da sociedade feudal (Nunes, 1997).

— 1.1.1 —
Renascimento comercial

Embora as primeiras transações consideradas comerciais tenham acontecido ainda na Idade Antiga, o comércio entrou em declínio, pois foi proibido pela Igreja, que o considerava uma prática de gente desonesta. Por ser uma forma livre de ganhar dinheiro, causou incômodo e cautela por parte da Igreja, que considerava que fazer fortuna por meio da usura e do lucro eram práticas moralmente condenáveis, ou seja, fazer com que a moeda – um bem improdutivo – gerasse retorno era visto como algo profundamente maléfico, a ponto de seu praticante ser considerado um pária (Heilbroner, Milberg, 2008).

O comércio se restabeleceu, posteriormente, com as Cruzadas do século XII, reativando o eixo do Mediterrâneo, com as cidades italianas, e que, mais tarde, foi substituído pelo eixo do Atlântico. Por essas razões é que a Reforma Protestante fez grande diferença, uma vez que estabeleceu uma livre interpretação da Bíblia, tirando, portanto, a proibição do comércio e da usura do dogma católico e o flexibilizando no interesse da burguesia nascente.

O comércio configurou a primeira fase de acúmulo de capital: as transações comerciais começaram a ser monetizadas, e a moeda passou a ser o principal fator de enriquecimento. Foi nessa fase, conhecida também como *metalismo*, que ganhou força a ideia de que um país seria tanto mais rico quanto mais metais tivesse. Nesse contexto, estão as políticas colonialistas, a retomada da escravidão e o fato de que as atividades manufatureiras começaram e se expandiram, articuladas pela burguesia comercial, que estava em ascensão (Nunes, 1997).

Entre a metade do século XVIII e metade de século XIX, a Revolução Industrial alterou profundamente as estruturas das sociedades até então estabelecidas, provocando desequilíbrios e perturbações econômicas, e, ao mesmo tempo, uma onda de invenções e a instauração do capitalismo liberal; este último, uma força econômica que conduziu a sociedade, de modo paralelo, ao até então inédito controle da natureza e à tomada do poder pela burguesia.

No entanto, a própria Revolução Industrial fez com que houvesse um êxodo rural, que provocou o inchaço das cidades por trabalhadores atraídos (e iludidos) pelas propagandas de liberdade e autonomia econômica do trabalho nas fábricas. Logo, não havia trabalho para tanta gente e, consequentemente, a não absorção da mão de obra passou aos poucos a lotar as cidades de uma massa de miseráveis.

Com um significado bem particular de liberdade (uma liberdade apenas para os industriais, apenas para os negócios), a burguesia industrial (segunda burguesia) criou novos modos de produção e de enriquecimento. Enfrentando uma sociedade de costumes e tradições, a nova classe em ascensão impôs à sociedade o reino do capital e de seus detentores. Nesse contexto em que, de um lado, havia a eficiência produtiva e a acumulação e, de outro lado, os conflitos sociais gerados pela mão de obra não incorporada pelas fábricas, passou a existir a urgência por uma ciência capaz de explicar o caos social e organizar as relações sociais.

— 1.1.2 —
Capitalismo liberal

O capitalismo liberal, também chamado de *capitalismo de concorrência*, cujos principais teóricos são Adam Smith, David Ricardo e John Stuart Mill, existiu nos países que em que aconteceu a Revolução Industrial, com as seguintes características principais:

- empresários dispondo de plena liberdade de iniciativa;
- mercado com numerosas empresas de pequeno porte, geralmente familiares ou individuais;
- livre concorrência entre as empresas – por serem de pequeno porte, essas empresas não conseguiam exercer significativa

influência sobre o mercado e, por serem numerosas, inviabilizava-se a oportunidade de acordos visando ao controle dos preços e do mercado;

- o Estado não intervinha na economia;
- o mercado funcionava por si próprio, permitindo que cada um agisse em busca de seu interesse – como uma mão invisível, equilibrando a economia por meio da racionalidade econômica.

Nessa fase do capitalismo, quem detinha o poder econômico era o consumidor. O mercado não conseguia controlar a clientela nem a concorrência, pois era relativamente simples abrir uma empresa: não era necessário alto capital e o mercado era aberto. Portanto, a todo momento aumentava-se a oferta, obrigando os preços a baixar, de forma que as empresas que não resistiam à concorrência eram eliminadas, e às empresas que resistiam só restava permanecer em constante esforço de inovação técnica que lhes possibilitasse diminuir os custos a fim de garantir o lucro. De acordo com Nunes (1997), "Assim, o mercado e o mecanismo dos preços eram tidos como os garantidores da eficiência social do sistema: a produção aumenta, o custo baixa, desce o preço, e o barateamento constante das mercadorias permite uma satisfação cada vez maior das necessidades".

Nesse sentido, uma vez separadas a esfera política e a esfera econômica, tudo o que diz respeito aos negócios restringe-se ao campo privado, e tudo o que diz respeito ao Estado pertence ao público; cabe aos cidadãos, portanto, o poder político. Assim, Adam Smith (Hunt, 2005) teorizou que **a política pertence à ordem das relações produzidas socialmente**, mas há uma ordem natural no desenvolvimento econômico: "Se os governos nada fizessem para estimular ou desestimular o investimento do capital em qualquer setor, a própria busca egoísta do lucro máximo dos capitalistas levaria ao desenvolvimento econômico" (Hunt, 2005, p. 56).

Nesse sentido, ainda que o Estado nunca tivesse inibido as inclinações naturais das pessoas, a ordem econômica estaria garantida, pois "cuidando de seu próprio interesse, levado por uma mão invisível, o indivíduo, quase sempre, promove o interesse da sociedade de forma mais eficaz" (Smith citado por Hunt, 2005, p. 57). Quando o Estado restringe os mercados, a taxa de acumulação do capital diminui.

Ainda de acordo com Hunt (2005), sob o capitalismo liberal o Estado tornou-se tão somente o guardião legal do liberalismo econômico e dos interesses de mercado, com o dever de intervir apenas para garantir a ordem burguesa, executando três funções: (1) proteger a sociedade da violência e da invasão de outras sociedades; (2) proteger todos da injustiça (administrar a Justiça); (3) fazer e conservar obras públicas.

— 1.2 —
Revolução Inglesa

Embora a Inglaterra tenha sido a primeira **potência** capitalista, o processo revolucionário que possibilitou à burguesia tomar conta do comércio, da produção e conquistar o poder político-jurídico foi bastante longo.

Foi no século XVII que a Holanda (nação capitalista) iniciou o regime de exploração colonial, controlando com exclusividade o comércio das Índias Ocidentais e obtendo grandes lucros, pois, naquela época, a supremacia comercial garantia a supremacia no domínio das manufaturas.

No século XVIII, porém, a burguesia inglesa afastou a Holanda do domínio do comércio mundial, embora, mesmo antes disso, a aristocracia inglesa já tivesse começado a explorar suas terras, visando beneficiar o comércio de lã.

Em 1640, a Inglaterra iniciou a primeira fase do processo de sua revolução burguesa – a Revolução Puritana –, que culminou na Revolução Gloriosa no ano 1688. Vale lembrar que, na Inglaterra, parte dos aristocratas se transformaram em burgueses.

A burguesia comercial começou a comprar terras da aristocracia para a criação de animais lanígeros, e isso limitou sobremaneira a atividade dos pequenos camponeses independentes, levando-os ao desemprego. À medida que a liberdade comercial e de enriquecimento se instalavam, havia conflitos com o absolutismo dos Tudor, que, empenhados em salvar a ordem feudal, tornaram-se um empecilho à continuidade do desenvolvimento econômico.

O agravamento desse conflito levou à Revolução de 1648, que culminou na execução de Carlos I, em 1649, e na instauração da ditadura de Cromwell. De acordo com Nunes (1997), foi Cromwell quem baixou, no interesse da burguesia, os *Atos de Navegação*, determinando que navios estrangeiros só podiam descarregar nos portos ingleses mercadorias oriundas do próprio país (o que não era o caso da Holanda), com o objetivo de fortalecer a marinha mercante inglesa.

A Inglaterra passou a monopolizar o transporte dos produtos coloniais para seu próprio país. Depois, com a tomada da colônia holandesa na América do Norte (Nova Amsterdã, hoje Nova York) e de colônias francesas (Canadá, parte das Antilhas e todas as possessões das Índias), a Inglaterra dominou o comércio mundial.

Em 1688, a burguesia chegou ao poder político no evento que ficou conhecido como *Revolução Gloriosa*. O Rei Guilherme III foi coagido a baixar a cabeça para a *Bill of Rights*, carta que dava mais poder ao Parlamento, espaço político onde a nova classe burguesa legislava em seu interesse, colocando a aristocracia irrevogavelmente dependente dela. Mais adiante, burguesia e aristocracia se uniram para pilhar as terras da Igreja, depois do afastamento do catolicismo.

— 1.2.1 —
Passagem da manufatura para a maquinofatura

A atividade artesanal nas cidades inglesas era desenvolvida em pequenas oficinas pertencentes ao próprio artesão, que detinha também todos os instrumentos de trabalho; eram produtores autônomos que se incumbiam não apenas da produção, mas também da venda de seus produtos.

Os artesãos trabalhavam por encomenda e, para se fortalecer e proteger seus interesses no mercado, associaram-se em corporações. No entanto, com o fortalecimento do comércio e o alargamento de entrepostos comerciais, os consumidores ficavam cada vez mais distantes, ou seja, para levar a mercadoria até esses lugares, os artesãos precisavam de transporte, mas não tinham como bancá-lo, e por isso passaram a vender seus produtos não diretamente ao consumidor, mas a um intermediário, chamado *comerciante* (Nunes, 1997).

Portanto, os artesãos passaram a não produzir mais para o mercado, mas sim para o comerciante, que era, de fato, quem estava em contato permanente com o mercado. Para atender ao aumento da procura e acelerar a velocidade da produção artesanal, o comerciante se incumbia, ele próprio, de fornecer a matéria-prima e os instrumentos aos artesãos. Desse modo, aos poucos, os produtores perderam controle da produção e sua independência, uma vez que a iniciativa da produção passou a ser de encargo do capitalista, que pagava ao produtor um salário, independentemente do valor total do produto acabado. Surgiu, então, a figura do patrão, que controlava diretamente os instrumentos de produção e a matéria-prima, evitando furtos e desperdícios.

De acordo com Adam Smith (citado por Nunes, 1997), a divisão da produção passou a se desenvolver cada vez mais e, à medida que se desenvolvia, aumentava o poder produtivo do trabalho e reduzia significativamente os custos de produção, uma vez que, por se tratar de operações parceladas e repetitivas, não era necessário trabalho qualificado, o que resultou no barateamento da mão de obra e na consequente inclusão de mulheres e de crianças no mercado produtivo.

A Revolução Industrial terminou por eliminar os pequenos produtores independentes, visto que a maquinofatura fazia aumentar enormemente a produção e baixar, da mesma forma, os custos de produção. Foi nesse período, precisamente, que acabou a fase de concorrência do capitalismo liberal, da pequena empresa e da pequena máquina. Surgiram a grande máquina e seu consequente monopólio: o capitalismo monopolista.

— 1.3 —
Revolução Francesa

Por terem acontecido em contextos diferentes, a Revolução Francesa e a Revolução Inglesa ocorreram também de modo distinto: aquela foi amplamente burguesa, popular e democrática em comparação com esta, que foi estreitamente conservadora. Diferentemente da Inglaterra, cuja nobreza pagava imposto e dispunha de pouco privilégio, a nobreza e o clero franceses eram extremamente perdulários e gozavam de grandes privilégios. Foi contra esses abusos que a burguesia, única classe com condições de dirigir a luta, fez a grande Revolução Francesa.

Na Inglaterra, a aristocracia tinha interesse na burguesia, e a Constituição Inglesa reconhecia os direitos dos ingleses, mas não a universalidade dos direitos do homem. Na França, a nobreza não admitia associar-se à burguesia no poder, tanto é que, nos Estados Gerais, ela pertencia ao Terceiro Estado, do qual antes só os camponeses livres (90% dos 25 milhões de habitantes) faziam parte, visto que o regime de servidão estava quase extinto. A propriedade da terra concentrava-se nas mãos da pequena minoria do clero e da nobreza e, sobre os camponeses e as classes populares, recaía a tarefa de sustentar a sobrevivência do antigo Regime (Nunes, 1997).

Durante a crise que afetou a agricultura francesa no século XVIII, a nobreza, em vez de olhar para a penúria do povo, aumentou a carga tributária e de trabalho dos camponeses já arruinados. Muitos miseráveis abandonaram os campos, formando hordas de vagabundos, revoltados e esfomeados, sobrevivendo de saques nos domínios feudais – acontecimentos estes que fomentaram a revolução. Nas cidades, a burguesia dominava o comércio e a indústria, já bem desenvolvidos.

Na revolução, juntaram-se a burguesia rica e culta, a pequena burguesia e as classes populares – o Terceiro Estado. Inspirada em John Locke, a burguesia revolucionária invocava a razão, o direito natural e a igualdade de direitos para derrubar os privilégios. Nesse sentido, a Revolução Francesa foi realmente revolucionária: derrubou a economia feudal, aboliu todos os privilégios da nobreza e instituiu o Estado laico e republicano. Voltada para um campo absolutamente político, a Revolução Francesa foi de fato a luta pela tomada do poder e a implantação da ordem jurídico-política burguesa.

Em um autêntico clima de guerra, os Jacobinos e os Sans-culottes (artesãos), juntos, tomaram a frente da revolução, levando à queda da monarquia e à instauração da República, em 1792. Foram os Jacobinos que votaram pela execução do rei, em 1793, ao passo que os Girondinos queriam seu exílio.

— 1.3.1 —
Jacobinos e Girondinos

Na França, as classes populares participaram ativamente do levante revolucionário: a desigualdade social foi o primeiro motor da revolução, e o igualitarismo foi a primeira reivindicação dessas classes. Ao longo do processo revolucionário, a França instituiu a Assembleia Nacional Constituinte e a Assembleia Legislativa, período que foi marcado pela aprovação da Declaração dos Direitos do Homem e do Cidadão (1789). Dos 17 artigos aprovados, dois, mais contraditórios, chamam a atenção: "Art. 1º. Os homens nascem e são livres e iguais em direitos. As distinções sociais só podem fundamentar-se na utilidade comum." e "Art. 17.º Como a propriedade é um direito inviolável e sagrado, ninguém dela pode ser privado, a não ser quando a necessidade pública legalmente comprovada o exigir e sob condição de justa e prévia indenização" (França, 1789).

Portanto, proclamavam-se a liberdade, a igualdade e a fraternidade desde que a liberdade e a igualdade não comprometessem o direito de posse. O trabalho infantil, por exemplo, estava dentro dos quadros da liberdade, uma vez que contratado e contratante eram considerados, ambos, livres.

O partido dos Jacobinos, por meio da Convenção Nacional, denunciou essa contradição, pleiteando medidas socializantes com profundas transformações sociais, econômicas e políticas. Robespierre (período do Terror), líder dos Jacobinos, defendia o imposto sobre os ricos, o voto universal, a assistência médica gratuita para os pobres, a pensão por doença e velhice, o ensino primário obrigatório, laico e gratuito e a harmonização dos preços com os salários, a fim de garantir a subsistência de todos, entre outras bandeiras sociais. Ele afirmava que o primeiro direito é o de existir, e a primeira lei, portanto, é a que garante a todos os meios de existir. Foi nesse contexto que a primeira Constituição da França (1791) foi promulgada.

No entanto, o conflito de classe sempre existiu. O partido dos Girondinos logo derrubou a Convenção jacobina, passando a legislar medidas conservadoras. Instituindo o Diretório, os Girondinos conseguiram anular todas as leis sociais promulgadas pelos Jacobinos, aprovando uma nova Constituição, em 1795, que acabou por devolver privilégios à burguesia. Fazendo parte da burguesia rica, sem aliança com as classes populares, os Girondinos enfrentaram a revolta do povo diante da anulação das medidas sociais.

O jacobino radical Gracchus Babeuf liderou um movimento para derrubar o Diretório: a Conspiração dos Iguais, em 1796, que foi rapidamente denunciada e desbaratada, e Babeuf, condenado à morte. Babeuf foi o primeiro a reivindicar abertamente uma sociedade igualitária para todos, sendo considerado por muitos historiadores como o primeiro comunista. "A Revolução Francesa chegou ao fim com o golpe organizado por Napoleão Bonaparte, conhecido como *Golpe do 18 de Brumário*, em 1799" (Hobsbawm, 2014, p. 114).

— 1.4 —
O século XIX e o nascimento das ciências sociais

Foi no contexto de revoluções que analisamos nas seções anteriores que surgiu a primeira necessidade de uma ciência social. Era preciso entender o que estava acontecendo, compreender as causas e os efeitos daqueles eventos velozes, intensos e sem precedentes na história da humanidade.

Isso significa que houve uma mudança na forma de se olhar a história, uma vez que se deixou de lado a maneira de encarar que "as coisas são porque têm de ser". As mudanças estruturais da sociedade passaram a ser entendidas como obra dos próprios indivíduos, por meio de uma abordagem secularizada, ou seja, por meio de uma visão plenamente racional e antropogênica – ou humanista, se optarmos pelo latim.

Foi por meio da ação e da responsabilidade humana que as sociedades se organizaram das mais variadas formas, e as diferenças ou desigualdades sociais passaram a ser vistas, portanto, como de inteira responsabilidade dos indivíduos.

> O banco de provas do novo saber, filosófico e científico, portanto, é o sujeito humano, a consciência racional. Qualquer tipo de pesquisa deverá se preocupar somente em perseguir o grau máximo de clareza e distinção, não se preocupando com outras justificações quando alcançá-lo. O homem é feito assim, só devendo admitir verdades que reflitam tais exigências. (Reale; Antiseri, 2004, p. 294)

A sociologia surgiu como uma ciência que busca explicar a formação da consciência social, das estruturas sociais, do sentimento de pertencimento que os indivíduos têm em função de sua classe social e das transformações do período, não se pautando mais em dogmas religiosos metafísicos ou tradicionais. Pessoas cultas renunciaram às explicações baseadas no transcendente e conduziram seu pensamento e sua vida pela autonomia da razão. Essa "onda intelectual" trabalhou para substituir a visão transcendente do mundo pela visão imanente.

O século XIX marcou o contexto de uma revolução do pensamento científico. Além da história, da antropologia e da sociologia, a biologia também se destacava, trazendo uma série de consequências políticas que reverberaram, inclusive no século XX, para o mundo todo. Como principal modelo de ciência da época, a biologia foi também o modelo de inspiração para as ciências sociais, visto que as ideias de evolucionismo e de determinismo revolucionaram o campo da biologia no século XIX e influenciaram as ciências sociais que surgiram, também, com o pensamento evolucionista, isto é, investigando as leis sociais que determinariam a velocidade da evolução das sociedades, considerando que isso explicaria os diversos graus de desenvolvimento entre diferentes sociedades. Foi também nesse contexto que surgiu o positivismo.

A motivação inicial da sociologia foi a de explicar as sociedades modernas, ou seja, o que estava por trás daquilo que Hobsbawn (2014) chamou de "a Era das Revoluções", trazendo todas aquelas crises e perturbações. Outra motivação foi a busca de solução para essas crises e a possibilidade de prever crises futuras. A partir daí a sociologia se tornou uma ciência de manipulação das sociedades industriais.

A sociologia parte do pressuposto de que a vida social tem regras próprias e objetivas, ou seja, não são regras metafísicas, mas regras passíveis de entendimento racional. Como já destacamos, essas regras são as mesmas da economia capitalista, da economia de mercado, o que torna todas as relações sociais quantificáveis, ou seja, objetivas. Entendeu-se, então, que se essas relações existem e são quantificáveis, elas são passíveis de ser conhecidas com objetividade. É a submissão de toda e qualquer explicação à lógica racional, à lógica do mercado. O projeto original baseava-se na certeza de que a sociologia teria condições de produzir conhecimentos objetivos[1].

Depois de definir as características das leis sociológicas, a sociologia passou a trabalhar o conceito de *sujeito social*, ou seja, o indivíduo sendo influenciado pela sociedade, considerando que os indivíduos não agiam de acordo com suas escolhas individuais subjetivas. Não cabe à sociologia, nesse sentido, questionar o motivo pelo qual há indivíduos criminosos na sociedade, mas sim investigar os motivos pelos quais há crimes na sociedade e quais são as características dos indivíduos socialmente criminosos, ou seja, quais características sociais estão por detrás daquilo que forma a mentalidade criminosa.

O pensamento sociológico, naquele momento, era o oposto do pensamento medieval das sociedades tradicionais, onde a percepção da realidade acontecia de maneira estática e de acordo com o mundo em que se vivia, ou seja, vivia-se como se o mundo tivesse sido sempre assim, estático e imutável – a sociedade era vista como um todo eterno, inviolado e sagrado, obra de um querer extraterreno, de modo que cada indivíduo estava

---

1   A sociologia como ciência propõe a explicação objetiva, racional, neutra. É a mesma lógica do mercado, um ente exterior a nós, com uma objetividade em si. Como destacamos no início do capítulo (Comte), a sociologia começou (por isso projeto original) com a crença de que essa objetividade é possível. Isso só foi definitivamente resolvido, posteriormente, em Weber.

ligado diretamente àquela ordem, devendo aceitar as justificativas para que ocupe apenas aquele lugar na sociedade. O pensamento tradicional, por acreditar em encantamentos, valores mágicos, subjetivos e sobrenaturais, foi sempre crítico às ideias inconformistas que visavam transformar a sociedade. Os poucos que tentaram foram punidos.

Nas sociedades modernas, o pensamento tradicional assentado em bases transcendentais não era mais suficiente para explicar os evidentes processos de transformação. Os indivíduos que se sentiam seguros em virtude da estabilidade da velha ordem estamental passaram a se ver totalmente inseguros diante da nova realidade – a que não podia mais ser explicada da forma como ele pensava. Os sujeitos que antes estavam ancorados na religião e na tradição, em uma sociabilidade em que todos se conhecem, depararam-se, então, com sociedades que apresentavam inchaço urbano, efeito da Revolução Industrial. Foram arrancados de um interior bucólico, de uma crença única, e jogados em bairros pobres, operários, onde as pessoas não estabeleciam laços de solidariedade.

A realidade não estava mais calcada no sentimento de pertencimento do tipo "eu sou deste lugar". A sociedade tornou-se uma grande massa de pessoas que não tinham vínculos sociais entre si e que estavam ali à procura de trabalho e de sobrevivência.

Nesse sentido, a sociologia, em seu nascimento, partiu de um saber comum – o senso comum/opinião – para evidenciar os limites desse saber comum e, por meio de uma explicação racional, sistemática e objetiva, criar uma nova forma de explicação que extrapolaria tal saber, rebatendo-o, a fim de estabelecer a objetividade dos fatos.

É preciso ressaltar que, naquele começo, a sociologia se entendia como uma ciência social positiva, ou seja, mantenedora de uma ordem social positiva para o progresso e de aceleração para uma fase de maior progresso.

— 1.4.1 —
Positivismo

Nos dias atuais, quando se alude a ciências sociais ou sociólogos, é muito comum associá-los a algo revolucionário, como se a sociologia fosse sempre crítica em relação à vida social, procurando questionar as relações sociais como elas estão dadas e se dispondo a fazer propostas mais radicais de mudança da vida social, ou seja, como se a sociologia fosse a ciência das revoluções.

Ela até pode ser assim para alguns sociólogos, mas ela não nasceu assim. Augusto Comte (1798-1857), o primeiro a usar o termo, estava impregnado da visão darwinista, evolucionista, em que toda espécie que melhor se adaptar ao meio ambiente tem mais sucesso de sobreviver e criar o melhoramento da espécie, o que dá a ideia de que os fortes vencerão os fracos. Ou se adapta, ou será extinta da natureza.

A sociologia de Augusto Comte nasceu com as ideias de uma sociologia da ordem, que o teórico chamou de *filosofia positiva*. Comte considerava que o conhecimento humano tinha atingido, no século XIX, o mais alto grau de desenvolvimento e conhecimento que o ser humano era capaz de elaborar e, por sua vez, a filosofia positiva iria levar a humanidade ao mais alto ponto do desenvolvimento, inclusive com capacidade de acabar com a miséria e a criminalidade que existia no século XIX, gerados pelo empobrecimento da massa trabalhadora explorada (Aron, 2002).

No entanto, Comte não fez nenhuma proposta concreta para modificar essas relações sociais de exploração. Pelo contrário, ele afirmava que, um dia, a humanidade desenvolveria a quantidade de bens e as técnicas necessárias para que todos os indivíduos pudessem conviver com dignidade – ação futura, de forma que, por enquanto, até ali, quem teria de pagar pelo desenvolvimento do qual mais tarde a humanidade usufruiria eram as massas trabalhadoras. Comte foi, nesse sentido, um pensador da ordem, que estabelecia que o progresso viria dentro da ordem daquela sociedade, ou seja, dos marcos institucionais da sociedade burguesa.

Para entendermos por que Comte foi considerado um dos precursores da sociologia, é fundamental aprofundarmos seu pensamento. O positivismo está nas origens da sociologia no sentido, primeiramente, de que explicações teológicas e metafísicas não mais responderiam pela sociedade que, doravante, teria consciência de si. A partir das crises do antigo regime e da nova sociedade industrial, o positivismo se impôs como a nova forma de inteligência.

Comte, que via com urgência a necessidade de uma ciência da sociedade, fez parte de um rol de autores que se preocupava em determinar a sociologia como uma ciência, e não como um conhecimento marcado pelo senso comum. Essa foi uma grande preocupação no século XIX, qual seja, entender as transformações que a Europa enfrentava. A sociedade de massas, do capitalismo, do inchaço urbano e das novas relações sociais de trabalho deveriam ser entendidas para que a sociedade encontrasse a ordem e o progresso, duas palavras fundamentais na filosofia comteana, que, depois, foi denominada *positivismo*.

A sociologia de Comte pode ser definida como uma sociologia da unidade, que optava por apontar para um objetivo final de desenvolvimento e para onde todas as sociedades deveriam chegar. Para Comte, a humanidade inteira deveria convergir para esse mesmo conceito de ordem e progresso, ou seja, todas as sociedades deveriam seguir uma visão de desenvolvimento. Sociedades que apresentavam características diferentes das sociedades industriais sinalizavam que ainda não chegaram ao ponto máximo de desenvolvimento. Portanto, sociedades que recorriam a mitos, a poderes mágicos ou a explicações com base no transcendente eram consideradas, pelo teórico, como atrasadas, que ainda não se haviam posicionado no caminho do progresso. Para ele, o pensamento científico era a forma mais avançada, vinda para substituir o pensamento teológico; por sua vez, a sociedade industrial e o sistema capitalista eram as atividades econômicas fundamentais para que o mundo chegasse ao progresso e à ordem.

Comte considerava que as sociedades feudais, que se encontravam ainda atadas a uma economia agrária, a uma estrutura militar e a pensamentos teológicos diversos, levaram os países à guerra, bem como que a intolerância religiosa entre católicos e protestantes, por exemplo, gerou muitos conflitos. Para ele, a culpa por esses e outros conflitos residia nos interesses distintos de cada país, ou seja, a diversidade era o fator que levava ao enfrentamento, à crise e às guerras. Para Comte, a solução consistia em abandonar o modo de ser dessas sociedades e adotar um único modelo, um modelo científico e industrial (Aron, 2002).

Segundo o teórico, na sociedade moderna, os cientistas e os industriais teriam papel relevante. Os sacerdotes perderiam seu lugar para os cientistas, e a religião cederia espaço para a ciência, ou seja, a religião não seria mais a base moral e intelectual da sociedade, mas sim a ciência, cujos valores não estavam apenas ligados à produção de conhecimento, mas também à moral, tendo em vista o papel norteador das ações dos indivíduos. Essas afirmações causaram grande impacto na Europa da época, que ainda cultivava fortes laços religiosos.

Os militares, por sua vez, deveriam ser substituídos pelos industriais. Na visão de Comte, os militares faziam guerra, ao passo que os industriais faziam lucro. Logo, ele afirmava que os militares promoviam prejuízos, uma vez que a paz é mais vantajosa para o crescimento econômico do que a guerra, e isso só seria possível na sociedade que estivesse nas mãos dos cientistas e industriais. O fim da luta dos homens contra os homens seria, para Comte, algo inevitável, algo que necessariamente teria de acontecer. Quanto mais presa a humanidade estivesse a preconceitos e visões de mundo irracionais, mais dificultoso seria vencer a natureza e chegar ao progresso econômico. Apenas pela base intelectual da ciência e com a visão dos industriais é que a sociedade venceria a luta por recursos escassos e chegaria à prosperidade. Assim se tornaria uma sociedade sem miséria, sem desigualdades e em um período de paz, ordem e progresso.

Na sociologia comteana, fala-se de mudança social, mas não pela via do conflito. Para Comte, era preciso substituir as estruturas que provocam os conflitos por outras, sem necessariamente passar por uma revolução. A transformações se dariam dentro da ordem burguesa e viriam por reformas sociais das posições ocupadas pelos indivíduos na sociedade e uma reforma na forma de pensar. Foi em Kant que Comte se inspirou nesse momento: mudanças não devem vir por revoluções, mas por reformas. Essas reformas viriam a partir da descoberta de uma ordem prévia natural, ou seja, as leis positivas que se impõem aos homens. Descobrir essas leis naturais evitaria que vivêssemos em erro, opostos ao progresso.

Apenas por meio da razão conseguiríamos identificar as leis sociológicas naturais, e só a partir delas seria possível chegar às reformas sociais que levariam à ordem e ao progresso. Vale notar que a ideia de progresso sugere que o futuro é sempre mais avançado do que o passado, ou seja, assim como na biologia, a sociedade deveria encontrar as leis positivas da evolução social. Essa visão determinista de Comte o coloca na necessidade de construir uma ciência social que permita aos indivíduos prever para prover.

O preceito positivista é o de que a sociedade é passível de ser explicada pela **observação direta**. Comte julgava ser possível descobrir as leis "naturais" que regem a sociedade e, a partir disso, fazer previsões e provisões, intervir e moldar a vida social. A filosofia positivista de Comte pretendia empregar os mesmos métodos das ciências naturais na análise da sociedade, como se ela existisse e reagisse da mesma forma que as coisas da natureza em sua previsibilidade (Giddens, 2012).

A vida social passa por três estágios de evolução social (Aron, 2002):

1. Período teológico, quando todas as explicações de mundo são baseadas em misticismo, deuses e magia.
2. Período que corresponde à metafísica, quando há uma superação das explicações teológicas para questões abstratas.
3. Positivismo, período do grau máximo de progresso, no qual os indivíduos, dotados de um pensamento científico, superariam as duas etapas anteriores e passariam a entender objetivamente as relações de causa e consequência na natureza e na sociedade.

Todas as sociedades passariam por essas três etapas, porém, de modos distintos, em grau maior ou menor de velocidade. As sociedades que chegaram ao grau mais evoluído devem ajudar as menos evoluídas a alcançar o progresso. Esse seria o papel moral da ciência, tomando o cuidado de não confundir essa ajuda com as práticas colonialistas de dominação por parte das potências econômicas europeias aos povos "descobertos" nas Américas, na Ásia e na África.

Comte via a sociedade como a história de sua evolução social, segundo a lei dos três estados. Como história humana, ela teria passado por três etapas: teológica, metafísica e positiva. Comte considerava o estado teológico uma etapa atrasada, fora da razão humana, visto que as explicações para os fenômenos sociais e da natureza no sobrenatural ancoravam-se na Autoridade divina; já no estado metafísico, Comte diz que a razão começa a ser preparada para o exercício da ciência por meio da filosofia, mas é necessário que a metafísica seja afastada da discussão, a fim de que se instaure o verdadeiro conhecimento científico. Apenas no estado positivo, o estudo científico é possível, pois já se afastou do pensamento qualquer possibilidade de conhecimento que não seja, racional ou cientificamente, comprovado.

As ciências naturais já haviam chegado no estágio positivo, faltando, portanto, as ciências sociais. Estas teriam antes que resolver o problema da objetividade/subjetividade, aliás, um problema comum das ciências sociais, uma vez que que somos nós mesmos o sujeito e o objeto do conhecimento. O risco de subjetividade tende a ser alto e pode pôr em risco a tão almejada objetividade: a opinião pela verdade.

Assim, Comte queria estudar cientificamente os seres humanos para que pudessem ser direcionados de forma positiva à evolução. A questão, contudo, é sobre quem decidiria o que é uma direção positiva: Os políticos? Os cientistas? As críticas ao positivismo advêm daí: seres humanos que têm consciência de si mesmos não podem ser estudados da mesma maneira que se estuda, por exemplo, um sapo (Giddens, 2012).

A sociologia deve buscar afastar-se dessa subjetividade e inspirar-se no modelo das ciências naturais. Deve procurar, como na biologia, uma visão sintética, ou seja, uma síntese, uma visão orgânica do todo social, e não de suas partes. As partes só são compreendidas no todo a partir da forma como cada uma funciona para que o todo seja organizado. Essa visão totalizante de Comte pressupõe que o progresso deve ser para o todo da sociedade, pois o progresso só será o progresso quando todos estiverem no mesmo patamar, e isso só será possível quando as partes que compõem o todo convergirem para o bom funcionamento da sociedade (Aron, 2002).

A sociologia de Comte, em seu sentido prático, prevê manipular a sociedade para acelerar as mudanças inevitáveis, com o objetivo de se chegar mais rápido ao progresso. Conhecendo a ordem determinada pelas leis sociológicas positivas e obedecendo a tais leis, a sociedade chegaria ao ponto máximo de seu desenvolvimento. Para Comte, as sociedades industriais europeias são o exemplo de progresso, pois a Europa teria sido a única a descobrir as leis positivas da ordem e do progresso, que organizariam cientificamente o trabalho, orientando-o para a máxima produtividade. A riqueza viria pelas mãos desse trabalho organizado, destravado das normas que impedem o livre comércio e a busca pelo lucro. Aqui, vale notarmos que o eurocentrismo de Comte e seu flerte com o liberalismo ficam bem evidentes.

Nesse seu início, a sociologia foi o estudo científico da vida humana, a ciência que explica por que agimos do jeito que agimos, que esclarece que aquilo que é natural, bom ou verdadeiro pode não ser. O que consideramos normal pode não passar de influência dada pela cultura em que vivemos.

Pensar sociologicamente exige, primeiramente, que afastemos de nós tudo aquilo que é considerado normal, familiar, e que adotemos outras óticas. Passar a olhar para o que é familiar como algo estranho, que nunca vimos, de forma que, por exemplo, fumar, tomar café, tomar banho ou se divorciar são decisões que não tomamos de acordo com nosso querer, mas com base na coação da atmosfera social. Tem a ver com fatos como sermos homens ou mulheres, brancos, negros ou pardos, estarmos empregados, formados em algo, etc., somos todos influenciados pelos contextos sociais de que fazemos parte. É certo que somos determinados, mas não absolutamente, por esses contextos, uma vez que construímos nossa própria identidade e individualidade. A sociologia estuda essa ponte entre indivíduo e sociedade: a sociedade é a estrutura acima da qual agimos, pensamos e sentimos, em uma variedade que, no entanto, não foge dos limites estruturados socialmente.

Comte usou o termo "física social" (sociedade como organismo) para procurar e explicar as leis do mundo social da forma mais objetiva possível, com o intuito de melhorar o bem-estar e o futuro da humanidade. Embora, atualmente, o positivismo seja negado pelos sociólogos, ele influenciou significativamente aquele que foi considerado o pai da sociologia: Émile Durkheim.

A sociologia de Comte foi voltada também para tentar solucionar a desigualdade social na modernidade. Nesta, a pobreza existe, de um lado, pela formação de uma massa operária explorada e, de outro lado, pela concentração exagerada de renda. Isso, para Comte, não deveria existir. A desigualdade social, na verdade, não seria um problema em si, mas sim a miséria. A propriedade privada e a riqueza produzida não devem estar acima das leis sociais positivas. Mesmo sendo propriedade privada, esta deve ser útil à sociedade, não devendo ser acumulada, a fim de não gerar miséria, ou seja, a propriedade privada deve conter em si uma função, a **função social**. Aqui, claramente, Comte flerta com os ideais sociais de Jean Jacques Rousseau, ficando em uma posição intermediária entre o liberalismo e o socialismo. Ele próprio, entretanto, não assume qualquer dos lados, mas se posiciona de acordo com aquilo que as leis positivas determinam.

Para ele, a moral do indivíduo é entender que não há, na sociedade, funções positivas inferiores ou superiores. Engenheiros, que fazem a planta do edifício, são tão importantes quanto os pedreiros, que executam a planta, ou seja, em uma hierarquia moral, o engenheiro não está acima do pedreiro. Vale notarmos que Comte não está tratando aqui de uma igualdade econômica, mas moral. Para ele, é justo que o engenheiro ganhe mais do que o pedreiro, desde que o pedreiro não seja remunerado de modo a levá-lo à miséria. As diferenças econômicas de remuneração estão ligadas às exigências, responsabilidades e habilidades que existem mais em algumas funções do que em outras. Contudo, para Comte, a ordem social deve sempre estar acima da ordem material.

— 1.4.2 —
Positivismo jurídico

Um erro frequente é o que costuma ocorrer com aqueles que confundem ou misturam o positivismo sociológico de Comte com o positivismo jurídico ou juspositivismo. A confusão se dá por se tratarem de palavras análogas, porém com significações bem diferentes. Originalmente, o termo *positivismo* pertence a Comte, e não é correto imputar ao seu positivismo conteúdos que pertencem estritamente ao positivismo jurídico. O fato de este último ter adotado a mesma terminologia resultou em desinformação, porque as duas correntes de pensamento não são a mesma coisa.

Positivismo jurídico refere-se exclusivamente ao direito, no sentido de se afirmar que o direito só existe quando é positivado, legislado, ou seja, na condição de norma emanada do Estado. O que se entende por positivismo jurídico nada mais é do que a doutrina jurídica escrita, o que não se encontra na obra de Comte, mas na obra de autores como John Austin e Hans Kelsen. "A expressão 'positivismo jurídico' não deriva de 'positivismo' em sentido filosófico, mas, sim, da locução direito positivo contraposta àquela de direito natural" (Bobbio, 1996, p. 15).

O positivismo de Comte vai na contramão do normativismo, que tende a ver o Estado como o único ente com o poder de fazer leis. Não devemos esquecer que vieram do Estado as leis que permitiram regimes totalitários, como o nazismo. O positivismo de Comte é uma doutrina de liberdade e fraternidade para a humanidade, contrária, portanto, à submissão incondicional ao Estado.

Ao positivismo jurídico pertencem as concepções e os conteúdos próprios do direito, o direito posto, o que é legislado. É bom ter sempre em mente que, quando houver referência ao positivismo jurídico, a noção de **normativismo** deve ser evocada. O positivismo de Comte não tem nada em comum com o positivismo jurídico como doutrina que agrega os seres humanos a uma sociedade avançada, não por meio de normas estatais, mas sim através da nova religião da humanidade que outra coisa não é senão a própria humanidade. O objeto do positivismo sociológico é o ser humano, ao passo que o objeto do direito é a norma.

A sociologia de Comte olha para a sociedade e para as possibilidades racionais de seu gradual aperfeiçoamento. O jurista estuda a norma; é um técnico da lei formal. Para o jurista, a razão é o que o Estado positiva ou normatiza. Para a sociologia de Comte, a razão é condição que liberta todos os seres humanos para uma percepção clara das coisas, da busca das leis positivas para uma sociedade de homens livres em uma sociedade saudável.

Evitar desagregar a sociedade é função e papel da sociologia. Daí a frase nuclear do positivismo de Comte (1978, p. 146): "O amor por princípio, a ordem por base e o progresso por fim".

O pensamento de Comte teve influência na política brasileira nos movimentos que derrubaram a Monarquia e instituíram a República, além de se apresentar em um de seus principais símbolos: a bandeira nacional traz em seu centro o lema positivista "ordem e progresso".

O século XIX é o "século do desencantamento do mundo", expressão formulada por Max Weber, em que explicações sobrenaturais não subsistem à avidez pelas explicações iluministas. É o século da morte simbólica de Deus e, portanto, da dessacralização do direito. É o século de Nietzsche e, portanto, da tentativa de tirar a divindade do mundo, substituindo-a por uma ciência natural que vai estabelecer a hierarquia do método científico, para que este possa dizer o que é aceito ou não (Giddens, 2012).

Aplicando essas considerações no âmbito do direito, podemos partir do jurista austríaco Hans Kelsen (1991), para quem o positivismo é o que está disposto na legislação como um modo de se estabelecer uma ordem mínima, definitiva de organização da sociedade, que sirva de moralidade, de justiça e de lei, longe das desordens causadas pelas revoluções. A lei devia ser bem clara, contendo todas as suas determinações. Eis aqui uma similaridade entre o positivismo de Comte e o positivismo jurídico.

Antes do progresso, que era o que o positivismo pretendia, tudo devia estar na ordem – que não vem mais de Deus ou da Igreja ou do rei, mas da ciência. Na verdade, Comte tentou fazer da ciência uma religião positivista, com normas e doutrinas de conduta, entre elas a de que a mulher não deve ser dependente do marido ou submissa a ele. O objeto de culto dessa "religião positiva" não é um deus transcendente, mas a humanidade, representada na figura feminina, que busca sempre seu aprimoramento.

Em última análise, a religião positiva seria também o desenvolvimento de uma modalidade sociológica que pudesse deixar transparente para as pessoas mais humildes os valores defendidos por ela, para que a transformação da sociedade não ficasse restrita apenas aos intelectuais. Todas as pessoas deveriam ter um desenvolvimento material e intelectual, com amor e respeito ao próximo, influenciando uns aos outros positivamente, não com valores transcendentais, mas transmitindo a capacidade que naturalmente todos têm.

Capítulo 2

Émile Durkheim (1858-1917)

Durkheim foi o criador da sociologia. Em meio a uma profusão de autores dispostos a analisar a sociedade, coube a ele delimitar o campo sociológico de forma metódica e criativa e definir a sociologia como a ciência dos fatos sociais, ou seja, tudo aquilo que se forma a partir do modo como os seres humanos se relacionam acaba se impondo a eles. Nascido em Épinal, na França, em uma família judia, Durkheim não aceitou dedicar-se à escola rabínica, papel que lhe estava reservado, optando pela carreira acadêmica. Foi o primeiro professor de sociologia, e suas pesquisas contribuíram para os estudos da sociologia e, também, da psicologia, da antropologia, da educação e do direito.

— 2.1 —
Sociologia durkheimiana

No Capítulo 1, destacamos que a sociologia de Comte prescreveu como as sociedades deveriam se transformar no modelo europeu industrial de sociedade. Embora Émile Durkheim tenha tido as mesmas preocupações de Comte no que se refere a explicar as intensas transformações pelas quais passavam as sociedades modernas, a crescente miséria urbana e a frustração dos indivíduos, ele o fez por meio de outro entendimento e de uma diferente abordagem. Pensar a sociologia de Durkheim é ir além das posições que a coloca como positivista e conservadora.

Nos estudos de Durkheim, não há a ingenuidade em solucionar os problemas modernos nem o olhar eurocêntrico de Comte, pois Durkheim trabalhou com os conhecimentos da antropologia e da história de seu tempo, e, assim, seus estudos devem ser abordados de modo que acompanhem a própria evolução de seu pensamento, juntamente aos métodos que o teórico empregou para traduzi-los.

No seu livro As *regras do método sociológico*, Durkheim (1990) estabeleceu as principais características de sua sociologia e a proposta para uma sociologia científica contemporânea – para ele, além de transformar a sociedades em objeto de ciência, a sociologia deveria possibilitar à sociedade ter consciência de si mesma. Dessa forma, ele estabeleceu alguns princípios fundadores da prática do método científico nas ciências humanas.

Durkheim (1990) definiu a sociologia como a **ciência das instituições, da origem e do funcionamento** – visão funcionalista. Para o teórico, o ser individual, com vontade própria, não existe, porque o meio social exerce tal influência sobre a formação do indivíduo que todo o comportamento é social, ou seja, todo o comportamento é instituído pela **coletividade**, e esta, por sua vez, é a matéria-prima da sociologia, seu objeto fundamental, ao qual Durkheim chamou de *fato social*: "É toda a maneira de agir fixa ou não, suscetível de exercer sobre o indivíduo uma coerção exterior; ou então ainda, que é geral na extensão de uma sociedade dada, apresentando uma existência própria, independente das manifestações individuais que possa ter" (Durkheim, 1990, p. 11).

Portanto, para Durkheim (1990), os **fatos sociais condicionam a ação humana** e são reconhecidos pelo poder de coerção externa que exercem. Tudo o que sentimos e a forma como agimos vêm de uma coerção exterior ao indivíduo.

Durkheim (1990) estudou o fato social por meio de uma abordagem metodológica rigorosa, analisando-o como coisa e considerando que, uma vez que o fato social é externo a nós, ou seja, adquirido socialmente, ele não pode ser estudado sob uma perspectiva de ordem natural ou subjetiva, ou de forma que considere os valores pessoais do pesquisador como parâmetro. Para Durkheim, o fato social deve ser observado da maneira objetiva, diferentemente do pensamento da psicologia ou da psicanálise (que olha para dentro do indivíduo para explicar as causas do comportamento), a sociologia deve partir da dimensão externa, ou seja, é o social que explica o comportamento individual.

Uma vez que a sociologia é a ciência das instituições e que seu objeto de estudo são os fatos sociais, todos os aspectos da vida social que condicionam as ações individuais podem ser estudados de maneira objetiva, ou seja, cientificamente. São os fatos sociais que **originam** a sociedade, e as primeiras instituições sociais (as bases sobre as quais a sociedade funciona) são: religião, leis civis, família e educação. Estudar a função de instituição social é entender o modo como tais instituições agem sobre as consciências individuais e fazem com que os indivíduos cooperarem para que a vida social prossiga.

A sociedade não é uma mera reunião de indivíduos, isto é, ela não é a soma dos indivíduos que a compõem, uma vez que a análise pura e simplesmente coletiva dos indivíduos não garante um entendimento social. Na visão funcionalista, a sociedade é comparada a um organismo vivo – o corpo social –, em que cada parte trabalha interligada à outra para que o todo social seja beneficiado.

Compreender a função de cada órgão do corpo propicia o entendimento do funcionamento da totalidade daquele organismo e da forma de agir para garantir a manutenção de sua saúde. Assim é com a sociedade: a teoria funcionalista tem na moral uma fonte de consenso, ou seja, a moral é o consenso que explica a manutenção da ordem e a estabilidade na sociedade (Giddens, 2012).

— 2.1.1 —
Consenso e conflito

O consenso é de grande importância na visão funcionalista, que entende que as mudanças sociais não são alcançadas por meio de revoluções. Segundo essa teoria, estar em consenso na sociedade é estar em normalidade, e a religião tem papel fundamental na manutenção da coesão social, pois reafirma os valores sociais e condena o dissenso. O culto religioso, por exemplo, além da manifestação ritualística, tem a função latente (não percebida) de promover a coesão (paz) social ao ligar os indivíduos ao sagrado.

Evidentemente, algumas instituições também podem ser disfuncionais e desafiar a ordem vigente, como o surgimento de uma nova vertente religiosa ou de uma nova doutrina política. Os períodos das guerras religiosas entre católicos e protestantes ou entre conservadores e liberais são alguns exemplos da instabilidade que as inovações podem causar (Giddens, 2012).

As teorias que destacam os conflitos sociais como fatores de regeneração moral contribuem para o enfraquecimento da teoria funcionalista. Para os adeptos das teorias do conflito[1], a ênfase que a teoria funcionalista dá ao equilíbrio e à ordem social contempla apenas um lado da sociedade e ignora questões importantes, como a desigualdade social, a disparidade de gênero e de raça e a luta entre as classes.

A teoria do conflito, embora ressalte também a importância das estruturas sociais, explica o funcionamento da sociedade pela perspectiva da luta, do enfrentamento. Essa teoria destaca que algumas divisões na sociedade podem gerar tensões e fazer com que determinados grupos passem a agir na defesa de seus próprios interesses, contra a opressão, considerando que, se no interesse de alguns grupos foram criadas as divisões de poder e as hierarquizações e relações de dominação entre governantes e governados, é legítimo que os grupos oprimidos reajam.

Durkheim, que olhou a sociedade pela teoria funcionalista, afirma que, se as instituições não cumprem mais seu papel agregador, elas devem ser restauradas, e não superadas. Para ele, os

---

1 O principal representante da teoria do conflito na sociologia é Karl Marx, que a emprega para analisar conflitos entre as classes sociais.

fatos sociais (as instituições), como a religião e a família, exercem papel relevante para a coesão social e sobrevivem aos indivíduos porque têm vida própria, independente da vontade individual. A sociedade (os fatos sociais) não apenas paira acima dos indivíduos, mas também a eles se impõe: "É uma ilusão pensar que vivemos como queremos. Estamos submetidos à uma atmosfera de deveres que não podemos modificar à vontade. Ela [a sociedade] tem uma solidez análoga às estruturas do ambiente material e, por isso, é muito difícil modificá-la, embora não impossível" (Giddens, 2012).

Somos todos alvos da instituição social porque, em qualquer coletividade, existe o poder da coerção social, de forma que o indivíduo é coagido a ter os mesmos gostos e fazer as mesmas escolhas do grupo. Todos os que já se encontram institucionalizados por uma crença religiosa, por exemplo, tendem a coagir os outros a aderir e, caso a pessoa não aceite ou queira se excluir, há uma tentativa por parte dos demais de convencê-lo a ficar. Imputam-lhe o medo de estar perdendo algo, de estar por fora ou fazem-no vivenciar o sentimento de exclusão da sociedade.

— 2.2 —
Fato social

A partir do estudo das religiões ou da compreensão de uma mentalidade religiosa, Durkheim (1990) demonstra como todas as instituições sociais são coercitivas e visam manter a ordem de um grupo de pessoas ou comunidade, e é nesse sentido que as instituições (fatos sociais) se sobrepõem aos indivíduos.

As instituições são coercitivas e coletivas. As crenças e as práticas sociais agem sobre nós de fora para dentro. Os valores que julgamos corretos, nossa de maneira de vestir, nossos gostos culinários vêm do meio social; bem como nossos desejos e nossos sonhos de possuir determinadas coisas são, na verdade, os da comunidade em geral.

As maneiras sociais de ser, como as regras jurídicas e morais ou os dogmas religiosos, existem apenas na crença, isto é, na representação que temos desses fatos. E estes não nascem conosco – **a primeira característica do fato social é a exterioridade**. Para nos transformarmos em seres sociais, é necessário que internalizemos as instituições sociais, e essa interiorização ocorre por intermédio de um processo coercitivo (educativo), durante o qual somos constrangidos a aprender ou assimilar as regras e os hábitos do meio social em que vivemos.

Se as instituições são coercitivas e, por isso, punem os indivíduos que tendem a romper a regra, elas também tendem a ser conservadoras por reunirem regras que não podem ser violadas, já que visam conservar determinada ordem coletiva. Se aqueles que quebram as regras são punidos, é porque os fatos sociais são impositivos, não aceitando confrontos nem conflitos. É nesse sentido que **a estruturação de uma sociedade ou coletividade vai além de um simples conjunto de indivíduos**. A realidade social é um conjunto de instituições sociais que consegue, por meio de suas características exteriores, coercitivas e generalizantes, ordenar os indivíduos.

A ordem social, que transforma um simples grupo de indivíduos em uma sociedade, é dada pelas instituições sociais. Portanto, se entendermos as instituições sociais, compreenderemos os mecanismos que criam a ordem social. A sociologia deve ponderar que as leis sociológicas independem dos indivíduos para que sejam respeitadas, uma vez que os fatos sociais entram na generalidade da consciência coletiva. Aquilo que é imposto a nós (a educação) tem sua força ou violência sentida no início do processo, porém, com o tempo, deixa de ser percebido como coação. A partir daí está criado um "ser novo", tornando-o um membro da sociedade. Nesse sentido, estamos, em grau maior ou menor, institucionalizados, ou socializados.

Isso não impede, entretanto, que os indivíduos possam confrontar os costumes, vindo com inovações, mas, nesse caso, as forças morais (os costumes) reagirão contra eles com punições, censuras, risos e quaisquer outras tentativas de dissuadi-los do tal empreendimento. Indivíduos que visam transformar a sociedade se deparam com obstáculos mais duros e violentos caso contenham aspirações por mudanças jurídicas relativas a valores morais, como a descriminalização do aborto, a pena de morte ou leis que liberem o suicídio assistido.

Os inovadores sociais enfrentam grande resistência, por exemplo, com relação às normas que regulam a sexualidade, pois esse tipo de questão sempre esteve relacionado àquilo que se constituiu culturalmente como normalidade, anormalidade e criminalidade. Durkheim (1990, p. 61-62) citou o direito ateniense e o caso de Sócrates, condenado à morte por ter corrompido a juventude[12] e ofendido os deuses, para se referir ao quão difícil é confrontar as instituições, sobretudo quando se age de forma individual: "Todavia o seu crime, isto é, a independência do seu pensamento, não foi útil apenas à humanidade, como também à sua pátria. O caso de Sócrates não é isolado, reproduz-se periodicamente na história [...] a liberdade filosófica teve por precursores toda a espécie de herético".

Todos os que pensam de forma contrária à norma instituída são considerados inimigos. Para que haja possibilidade de surgir um novo fato social, uma nova instituição, uma nova fé, uma nova moral ou um novo direito, é necessário que vários indivíduos combinem sua ação. Para Durkheim (1990), entretanto, os momentos de transição social são muito delicados, porque toda a transformação social passa, necessariamente, pelo questionamento da moral vigente, e esse questionamento dará lugar a uma nova moral. Se a busca de consenso em torno da nova moral não tiver sucesso, pode desembocar em uma sociedade anômica, isto é, na qual ninguém mais respeita as normas.

---

2 Sócrates inseriu a dúvida a respeito dos valores morais de Atenas. Por meio de seu método, denominado *maiêutica*, fez com que os atenienses começassem a pôr em dúvida valores tidos como corretos. Com o famoso "conhece-te a ti mesmo", ele fez com que a juventude ateniense se conhecesse, descobrindo que, de fato, nada sabiam. Aprenderam a pensar, a refletir profundamente sobre si próprios, passando, depois, a questionar a ordem, o poder e as normas.

Para Durkheim (1990), um crime implica caminhos abertos a mudanças necessárias, e certos casos preparam essas mudanças. Um crime pode vir a se constituir na moral vencedora (caso de Sócrates), porém, no momento em que acontece, é um crime, pois a liberdade de pensar vem de se violar regras antes de serem solenemente abolidas. Isso quer dizer que, na sociedade, o raciocínio não deve ser censurado em hipótese alguma. O fazer ciência não é objeto de moral, senão correríamos o risco de estarmos fadados a reproduzir para sempre a mesma sociedade.

Sócrates, que vivia em um ambiente dominado por divindades, ensinou o povo (a juventude principalmente) a pensar para além das divindades. Segundo o direito ateniense, a condenação de Sócrates foi justa, mas, sem seu crime, não teríamos hoje a liberdade de pensar e de filosofar. O pensar filosófico está sempre à frente da moralidade de seu tempo. O que é imoral hoje daqui a alguns anos pode tornar-se uma questão relevante, ou vice-versa.

Por exemplo, a escravidão, em seu tempo, estava dentro da legalidade e, também, da moralidade, mas a abolição não aconteceu sem várias tentativas de sabotagem. As revoluções burguesas foram, em última análise, um crime contra o rei. Assim, a superação de uma condição social perpassa pela violação de regras que o Estado institui como regras essenciais para se viver em sociedade.

— 2.2.1 —
Socialização metódica

Se a sociedade não é a simples soma dos indivíduos, mas sim o conjunto de indivíduos unidos pelo poder coercitivo das instituições sociais, seja a família, seja a religião ou a escola, cria-se, a partir daí, um tipo de consciência que se impõe sobre os indivíduos, age a partir deles, mas não é capaz de ser compreendida em uma análise puramente individual. Essa consciência é a chamada *consciência coletiva* e funciona como um componente de ligação entre os indivíduos em uma sociedade. Quanto mais forte for essa consciência, maior será o êxito com que manterá os indivíduos coesos e funcionais. Mas como ela se forma?

A resposta mais simples a essa pergunta seria: por meio de um processo de socialização, mas vamos detalhar melhor. A socialização é o processo pelo qual o bebê (um ente natural) impotente se torna gradativamente um ser autoconsciente, apto e habilitado nas maneiras de ser de sua cultura e de seu ambiente. À medida que a criança vai crescendo, as imposições sociais vão surgindo, forçando-a a se descolar de sua natureza ou interditando-a em suas ações. Lembramos que os fatos sociais são exteriores aos indivíduos e que é somente pela coerção que a mentalidade social se forma. Tudo que estava fora do indivíduo interioriza-se nele a partir do coletivo, formando a consciência coletiva, ou seja, a primeira consciência, que, nessa fase, é mais forte que a consciência individual.

A consciência coletiva depende de valores, isto é, daquilo que as sociedades consideram certo e errado. Esses valores, por sua vez, chegam aos indivíduos por meio das instituições sociais, uma vez que, quando o indivíduo reconhece as regras sociais e cumpre seu papel social – professor, policial, cônjuge, político etc. –, é sinal de que as instituições estão funcionando, ou seja, os indivíduos devem colocar os interesses particulares em segundo lugar e pensar na sociedade primeiramente. Quando o indivíduo exerce a função de maneira adequada, as instituições sociais garantem formas de recompensa. Uma sociedade agregada e funcional cria nos indivíduos um sentimento de pertencimento e responsabilidade para com a sociedade, a que Durkheim (1989) chamou de *solidariedade social*. O acolhimento que o indivíduo sente por ter cumprido as regras, a sensação de dever cumprido e a punição que ele não sofrerá como aquele que não cumpriu são suas recompensas.

Os fatos sociais, portanto, têm raízes na coletividade, e não no indivíduo. Por isso, para entendermos a sociedade, temos de buscar explicações na coletividade, uma vez que os fatos sociais são as representações coletivas, ou seja, como a sociedade se enxerga. As representações que temos da sociedade são formadas por mitos, convicções religiosas, concepções morais: "As sociedades, para existirem, produzem representações que lhes são estruturalmente necessárias, o que significa dizer que a ideologia é constitutiva do processo social" (Durkheim, 1989, p. 11).

Quando aprendemos e interiorizamos valores referentes, por exemplo, à religião, tendemos a nos apaixonar por aquilo que está em nós, porque já faz parte de quem somos. Uma opinião contrária àquilo que, para nós, é tão caro, seja ela científica, seja do senso comum, não será aceita facilmente. Dessa experiência tanto podemos nos referir ao já citado Sócrates quanto a Jesus Cristo ou a Galileu Galilei. As paixões por convicções políticas ou religiosas impedem, muitas vezes, o raciocínio claro sobre as coisas à nossa volta. É sempre necessário que nos afastemos dos pré-julgamentos, considerando que estudamos para entender o sistema, e não para adequá-lo à nossa visão de mundo.

Sendo o fato social toda e qualquer norma imposta aos indivíduos pela sociedade, cumpre dizer que o indivíduo que nasce e vive em determinado país é motivado por sentimentos patrióticos, como torcer pela seleção de futebol, por exemplo. Ele, de alguma maneira, é pressionado a amar os símbolos nacionais, a ter comportamento apto a garantir a coesão social.

A religião oferece um grande exemplo de coesão social, motivo pelo qual não deve ser vista como simples ilusão. E por isso também, de acordo com Durkheim (1989, p. 55), "a ciência não pode substituir a religião, pois o conhecimento científico não possui a eficácia de coesão social. As primeiras formas de representação que o homem produziu do mundo e de si mesmo são de origem religiosa, portanto, ligadas ao sobrenatural". O sentimento de mistério, desse modo, exerce papel importante em determinadas religiões, sobretudo no cristianismo, no esforço para conceber o inconcebível.

A religião é o laço que une o ser humano ao espírito misterioso e ao qual o ser humano gosta de se sentir unido, e quem sabe por isso tenha sido a primeira instituição pela qual os seres humanos foram socializados, pois é nela que está a primeira fonte de solidariedade social. Durkheim afirmou que não há diferença entre uma assembleia de cristãos celebrando as datas principais da vida de Cristo e uma reunião de cidadãos comemorando os símbolos da Revolução Francesa. Ambos os eventos se destinam a manter estreitados os laços de uns com os outros, a fim de revificar sentimentos comuns, evitando o esfriamento espiritual ou patriótico, respectivamente (Durkheim, 1989).

— 2.2.2 —
Agências de socialização

A socialização envolve diversas agências, que também podemos chamar de *grupos* ou de *contextos sociais*. A socialização primária ocorre na primeira infância, e é na infância (de modo geral) que acontece o período de aprendizagem cultural mais intenso. A família é o principal agente de socialização nessa etapa, seja qual for a forma de seu contexto: pai e mãe, uniparental, padrastos ou parentes em geral. A socialização secundária ocorre mais adiante, no final da infância e na maturidade, quando outros agentes entram em jogo: escola, amizades, ambiente de trabalho e meios de comunicação de massa. No entanto, apesar das variações, a família ainda é o principal agente socializador (Giddens, 2012).

Em uma abordagem semelhante à análise materialista, Durkheim afirmou que as leis não estão "na natureza humana". Normalmente, ao convivermos em sociedade, acabamos percebendo os fatos que trazem problemas ao convívio social. Assim, as leis, as normas (as instituições), nada mais são do que uma percepção do que faz bem para o funcionamento da sociedade e o que a impede de funcionar. Essas normas não são naturais, inerentes ao ser humano; pelo contrário, são artificiais e, portanto, não nascemos para segui-las, sejam elas positivadas, sejam de ordem moral. Seguimos porque, na prática, percebemos qual é seu papel na ordem social. Enquanto vivemos, vamos retirando das experiências os valores sociais (Giddens, 2012).

— 2.3 —
Divisão do trabalho social

Durkheim foi o primeiro professor de sociologia e foi quem delimitou o objeto de estudo da sociedade e o colocou dentro da universidade, criando a cadeira de sociologia. A sociologia jurídica também se iniciou com ele e sua escola. Na primeira de suas grandes obras, *Da divisão do trabalho social*, escrita em 1893, Durkheim (2010) afirmou que a sociedade, no início, apresentava basicamente a divisão sexual do trabalho, isto é, uma divisão por gênero que delimitava o papel do homem e o papel da mulher.

A partir da divisão da sociedade em classes sociais, seu grau de complexidade aumentou. Durkheim (2010), então, ocupou-se de estudar como essas divisões poderiam ameaçar a coesão na sociedade, analisando o papel que as funções cumprem nas sociedades modernas quanto à coesão, e apontou que a industrialização impulsionou sobremaneira o crescimento de distinções entre as diferentes ocupações.

Para Durkheim (2010), a divisão do trabalho é a fonte principal do que ele chama de *solidariedade social*. Para entendermos esse conceito, é preciso voltarmos na história. Nas gerações anteriores, os costumes familiares eram outros, bem diferentes dos costumes dos novos tempos. Havia um lugar bem definido para cada um: o papel do homem/marido/pai, da mulher/esposa/mãe, do filho mais velho, das filhas etc., isto é, tinha toda uma moralidade, um conjunto de valores estabelecido. A família era uma fonte de solidariedade, e o próprio trabalho, gerido de forma mais coletiva também.

Com a moderna divisão do trabalho, as coisas começaram a se modificar. Passou a haver uma desagregação física familiar em razão das novas organizações do trabalho. Este, exercido antigamente, de modo geral, em coletividade, diante das novas exigências e qualificações individuais, passou a dominar a vida dos indivíduos. O vínculo, que antes era familiar, passou a ser formado no ambiente de trabalho, que é onde os indivíduos mais permanecem. A igreja também perdeu a antiga comunhão coletiva, dada a diversidade de crenças e a não obrigatoriedade de participação nas atividades religiosas. Obrigatoriedade agora é com o trabalho.

O Estado moderno, cuja autoridade é constituída, isto é, não é mais o poder compulsório e hereditário, mas sim eleito pelo povo, torna-se, na verdade, uma autoridade própria, fazendo leis independentemente da discordância dos cidadãos. Isso significa que o Estado não é a soma das vontades individuais, não é a soma da vontade dos eleitores, mas um ente que tem vida própria e que age para atender aos próprios interesses. O Estado, para Durkheim, é um ente que está muito além da força de seus membros e que age alheio à vontade dos cidadãos.

— 2.3.1 —
Coesão, solidariedade e os dois tipos de consciência

Como vimos neste capítulo, uma questão que se coloca por excelência à Durkheim é a que se refere à **coesão social**, pois o teórico se inquieta particularmente com o problema da integração/desintegração social. Durkheim procurou entender por que as sociedades não se desmanchavam facilmente – pelo contrário, lutavam para proteger-se de qualquer coisa que ameaçasse sua integração – e concluiu que são as instituições fortes que representam proteção às tentativas de desintegração, ou seja, funcionam para garantir a coesão social.

De acordo com Durkheim, há dois tipos de pertencimento social, ou seja, dois tipos de consciência:

1. a consciência coletiva, que representa a sociedade agindo e existindo em nós; e
2. a consciência individual, que representa nossa individualidade, o que temos de distinto e particular.

Para Durkheim, citado por Sabadell (2005), as sociedades têm uma solidariedade social, que é uma estrutura de relações recíprocas que funcionam com base em formas de controle e constrangimento aplicáveis aos indivíduos que desobedecem às normas e ameaçam a coesão.

Cada sociedade cria um padrão de comportamento que corresponde à sua consciência coletiva ou comum, e o direito, por sua vez, ocupa lugar de destaque como fonte de solidariedade, ao ameaçar e castigar os comportamentos desviantes.

Na modernidade, o equilíbrio de forças proporciona uma sociedade coesa, ou seja, a liberdade só é possível entre iguais, indivíduos iguais em todos os requisitos. Por exemplo, em uma relação de trabalho, quando o indivíduo desempregado se apresenta à postulante de uma vaga, está desprotegido, inseguro, preocupado com os outros concorrentes. Dependendo da situação, ele não tem poder algum de barganha e acabará aceitando o que o patrão lhe impuser. De acordo com Durkheim, nesse caso, deve haver um sistema que limite o poder do patrão, como parte mais forte, de explorar o funcionário. Surgem daí as leis trabalhistas (Sabadell, 2005).

Os estudos de Durkheim sobre a divisão do trabalho têm profundas ligações com o direito. A partir das leis trabalhistas, se alguém for coagido a assinar um documento, este não terá valor civil porque se presume que ambas as partes dispõem de suas liberdades. Antes, sem o contrato firmado, o trabalhador ficava à mercê do patrão. A autonomia da vontade é um dos princípios do contrato no direito civil.

Segundo Durkheim, o direito é um fato social muito importante, pois impõe aos indivíduos deveres e regras de comportamento, aliás, o direito é definido por ele como "regras de sanção reguladoras" (Sabadell, 2005, p. 42). Durkheim conclui que cabe à sociologia jurídica a tarefa de distinguir os gêneros do direito e faz uma oposição entre o direito penal, representado pela solidariedade mecânica, e o direito civil, representado pela solidariedade orgânica.

— 2.4 —
Consciência coletiva, solidariedade mecânica e direito penal

Nas sociedades primitivas, o que prevalecia era a consciência coletiva, e a forma de cooperação acontecia por meio da solidariedade mecânica ou elementar, fundamentada na semelhança dos membros da sociedade, isto é, não havia diferenciação dos comportamentos. A única diferença era de origem sexual: homem e mulher. A divisão sexual do trabalho impôs papéis sociais diferenciados de acordo com o sexo.

A solidariedade mecânica, bem anterior à sociedade moderna, é típica das sociedades agrárias, tradicionais, menores, que apresentavam alto nível de consciência coletiva e de sentimento de pertencimento. Por haver um predomínio da coletividade sobre a individualidade, do todo sobre a parte, os indivíduos entendiam claramente suas funções, sabiam bem as práticas que deviam exercer e conseguiam perceber de maneira objetiva o funcionamento da sociedade. Isso provocava uma forte integração das partes sociais, pois as instituições religiosas promoviam um tipo de recompensa para quem cumpria seu papel: os fiéis tinham a promessa de recompensa após a vida.

Quanto maior fosse a consciência coletiva, maior seria a coesão. As consciências particulares (individuais) não se sobressaíam, pois estavam em conformidade a um tipo comum, coletivo, fazendo com que todos se assemelhassem. Naquelas sociedades, o indivíduo não se pertencia, não tinha autonomia, estava ligado automaticamente ao grupo, e não a outros indivíduos. Em suma, o indivíduo pensava como o grupo, acabava se dissolvendo no grupo e se enxergando no grupo.

Naquelas sociedades, a solidariedade era mecânica porque era automática, repetitiva, sem inovação no dia a dia. As pessoas eram solidárias porque se pareciam umas com as outras, e o que um queria era o que o outro queria, pois eram a imagem do grupo. Era como se cada um fosse uma engrenagem muito bem encaixada, sabendo exatamente o que tinha de fazer. A consciência coletiva não mudava a cada geração, pelo contrário, ligava as gerações que se sucediam, e isso significa que as instituições sociais eram longevas, uma vez que conflitos entre gerações não ameaçavam as instituições sociais. A consciência coletiva condicionava os indivíduos a terem determinados comportamentos e não mudava de uma geração para a outra.

De fato, era o grupo que prevalecia sobre o indivíduo, mas não de forma absoluta a ponto de impedir atos de ofensa ou agressão. Contudo, aquele que se aventurava a desobedecer às regras era considerado traidor da ordem social, um agressor do grupo e da moral; era tido como inimigo público e, por isso, era forte e exemplarmente castigado. Havia um alto sentimento de justiça porque cada um dos integrantes da sociedade se achava justo, e todos sabiam qual era seu lugar, todos se sentiam recompensados em cumprir sua tarefa para o todo, e todos sabiam que seriam punidos caso não cumprissem seus deveres sociais.

O direito que corresponde à solidariedade mecânica é o direito penal, cuja sanção é repressiva, pune o comportamento que se desvia do costume, tendo como objetivo buscar a reprovação pública, todos participam da vingança contra aquele que violou o costume (a moral). As sanções repressivas aplicam ao culpado castigos que causam uma dor, uma privação, visando se fixar na mente do grupo. O direito penal é chamado toda vez que alguém fere a consciência coletiva. O criminoso é punido porque rompe os elos de solidariedade, e reprová-lo com veemência vivifica e renova os valores morais comuns (Durkheim, 2010).

Durkheim (2010) observou que a punição era fundamental para a sociedade, postulando que esta não se desenvolve sem a existência da punição e do ofensor. São relações imprescindíveis, tendo em vista o fato de que existem inconformismos na sociedade. Aliás, se não houvesse inconformismo, não haveria a passagem da consciência coletiva para a consciência individual. São os indivíduos que produzem a mudança social, e não o grupo.

Na teoria de Durkheim, o crime é tanto normal quanto necessário. Várias desobediências consideradas crimes graves foram responsáveis por profundas transformações pelas quais passaram as sociedades. Por exemplo, a desobediência de Rosa Parks em recusar-se a ceder seu lugar no ônibus a um homem branco desencadeou um forte movimento social que culminou com os direitos civis aos negros norte-americanos.

— 2.5 —
Consciência individual, solidariedade orgânica e direito civil

Depois de eventos como a Revolução Industrial, o crescimento das cidades e o fenômeno de massas, as sociedades deixaram de viver pela solidariedade mecânica, pois, com a mudança das características sociais, a consciência também se alterou. Nas sociedades avançadas ou modernas, há um baixo grau de consciência coletiva; o que prevalece é a consciência individual. A cooperação entre os membros ocorre pela solidariedade orgânica (ou por dessemelhança). Essas sociedades são complexas porque nelas de desenvolveu a divisão do trabalho e, com isso, o crescimento da personalidade individual e as especializações.

Os indivíduos que começaram a fazer parte dessa sociedade não entendiam exatamente como ela funcionava. Estavam ainda sob a influência da solidariedade mecânica, mais simples, porém, mais coesa e protetora. A sociedade mais individual tende à secularização, ou seja, houve uma diminuição da esfera religiosa na vida cotidiana. No início da sociedade industrial capitalista, os indivíduos sentiam-se desprotegidos, exatamente porque não surgiram novas regras que lhes dessem clareza e segurança, ou simplesmente porque as achavam injustas. Não entendiam ou não aceitavam as regras que deviam ser respeitadas – e o mesmo acontecia quanto aos ganhos sociais ou recompensas, pois as pessoas seguiam as regras e não se sentiam recompensadas (Durkheim, 2010).

Nessas novas sociedades, as funções sociais passaram a ser muito específicas, complexas e não se apresentavam de forma clara. Na solidariedade mecânica, o guerreiro sabia qual era a sua função com clareza, da mesma forma o camponês e o religioso. Na sociedade industrial, as coisas ficaram menos claras, e isso acabou gerando um baixo sentimento de pertencimento e de frustração nas pessoas. Nesse contexto, os indivíduos sabiam de poucas coisas e não entendiam como o sistema funcionava.

Em uma linha de montagem de um produto industrial, por exemplo, o operário tinha uma função muito específica, que era apertar parafusos o dia inteiro. Esse operário podia passar anos de sua vida fazendo aquela função sem, no entanto, jamais entender a importância daquele gesto para a totalidade do produto. No entanto, o pouco que ele sabia era a parte que formava um conjunto, em que cada um sabia um pouco do todo. A função de um era vital para a função do outro.

Nesse contexto, a solidariedade que faria a união é a chamada *orgânica*, onde o trabalho dividido estabeleceria uma rede de interpendência, em que uma parte deveria estar em condições de fazer uma outra funcionar e assim por diante. A solidariedade orgânica é própria da sociedade contemporânea, ou seja, não é uma sociedade em que o indivíduo tem todo o domínio sobre seu trabalho. Na solidariedade orgânica, um indivíduo precisa o tempo todo da cooperação do outro indivíduo, tornando-os dependentes entre si e de outros.

Para Durkheim, o indivíduo existe somente no sentido moderno da expressão: havendo diferenciação entre as pessoas, as relações se tornam interdependentes. Cada um exerce uma pequena parcela para o complemento do todo. O enfraquecimento do grupo não significa perda de solidariedade, porém é uma solidariedade de outro tipo e, para que ela se estabeleça, é necessário que seja entendida e pretendida. Aqui, o próprio indivíduo se policia, sabedor de que não sobreviverá nessa sociedade calcada na propriedade privada e na concorrência.

Nesse sentido, não é o grupo que o coage, mas sim ele próprio (Durkheim, 2010).

Nas sociedades complexas, o indivíduo se torna uma parte do todo social. As diferenciações desobrigam as pessoas de se comportarem de forma semelhante aos outros integrantes do grupo. As diferenciações não concorreriam para a desintegração social se a própria sociedade fundasse uma solidariedade orgânica, mais forte ainda que a coletiva, e que, por meio dessa solidariedade, formassem uma rede de interdependência e de ajuda mútua, em todos entendam que precisam uns dos outros.

Nem sempre isso acontece. Alguns indivíduos conseguem se integrar no sistema industrial. Outros, porém, não. O indivíduo sente falta daquela comunhão com o outro, daquele sentimento de pertencimento a uma coletividade. Essa consciência coletiva, entretanto, já não existe mais ou existe de forma muito tênue. Esse sentimento de abandono pode levar a atitudes desviantes, disfuncionais.

A sensação de injustiça, de não reconhecimento ou mesmo de ruptura com a sociedade industrial pode agravar o estado de anomia. A essa sensação de mal-estar Durkheim (2010) chamou de *anomia social* ou *patologias sociais*, que estudaremos mais adiante. Para uma melhor compreensão desse sentimento de injustiça na sociedade com a qual o indivíduo quer romper, vamos destacar um trecho do livro As *etapas do pensamento sociológico*, no qual o autor comenta como deveria funcionar, para Durkheim, uma sociedade com um alto poder de pertencimento:

Para dar um exemplo simples, o que a justiça exige, numa sociedade primitiva, é fixado com exatidão minuciosa pelos sentimentos coletivos. Por outro lado, nas sociedades em que a divisão do trabalho é mais avançada, essa exigência só será feita de modo abstrato, por assim dizer, universal. Num caso, a justiça é que tal indivíduo receba tal sanção precisa; em outro, que haja uma espécie de igualdade nos contratos e que cada um receba o que lhe é devido, que é definido de muitas formas, nenhuma das quais é isenta de dúvidas, e fixada de modo inequívoco. (Aron, 2002, p. 464)

Assim, as sociedades mais complexas não definem com clareza a função dos indivíduos na sociedade. No entanto, vale ressaltar que Durkheim faz essa análise sob ótica da sociedade industrial capitalista do século XIX, na qual indivíduos trabalhadores estavam entregues à própria sorte, sem nenhuma espécie de regulamentação quanto às leis sociais que protegem o trabalho. Ora, na sociedade anterior à industrial, havia a solidariedade mecânica, onde a regra era colocada pela instituição social de forma clara. Os indivíduos entendiam que, se obedecessem à regra, seriam recompensados pelo acolhimento do coletivo e se sentiriam valorizados, portanto, justiçados. Caso desobedecessem às regras, a punição era clara e, dessa maneira, também justa.

Na sociedade industrial, isso não acontecia. Havia um esgarçamento do tecido social e, como consequência, um sentimento de não pertencimento dos indivíduos para com a sociedade. Para que não houvesse a falência da consciência coletiva em face da consciência individual, as instituições precisaram manter-se fortes, garantindo a coesão social graças à autoridade moral da instituição social. Durkheim não idealizou a divisão do trabalho, ele as viu da forma como existiam, de forma que não era possível uma boa divisão, uma integração espontânea dos indivíduos ao sistema, e as formas anormais apareciam, quais sejam, a divisão forçada e a divisão anômica do trabalho.

Na sociedade de solidariedade orgânica, dada pela divisão social do trabalho (cada um executa uma parcela no processo de produção industrial), as funções diferenciadas de indivíduo para indivíduo fazem com que uns dependam dos outros, mas sem o sentimento de solidariedade social. Esse mundo de concorrência, igualmente sem regras claras ou regulamentação, não estimulava os indivíduos a vincular-se. Se eles assim o faziam, era meramente pela sobrevivência. Os indivíduos não se enxergavam mais como parte fundamental do grupo, da sociedade, o que causava mal-estar em razão da não identificação.

Ocorreu o avanço das profissões e das especializações, a divisão do trabalho aumentou sem parar e, cada vez mais, cada órgão dependia do funcionamento de outro órgão para funcionar. Foi nesse sentido que Durkheim estudou a sociedade, fazendo analogia com o organismo humano igual ao corpo social. Um órgão doente compromete todo o organismo. É, portanto, necessário que todos os órgãos (partes) estejam saudáveis para que o todo social funcione harmoniosamente. Uma boa divisão do trabalho evita que os indivíduos adoeçam socialmente.

Na sociedade complexa como é a industrial, a solução para o problema da anomia, isto é, da ausência de normas, seria o funcionamento pleno da consciência individual por meio da solidariedade orgânica, já que regras puramente religiosas ou morais não funcionavam tão bem.

Com número sempre crescente de pessoas, bairros populosos acabaram se formando, e, naturalmente, cada vez mais juntas, as pessoas passaram a se comunicar mais entre si. Com o aumento populacional, cresceu também a diversidade de funções sociais e as diferenças entre os indivíduos. Desse modo, se não estivesse tudo muito claro para os indivíduos sobre os motivos pelos quais a sociedade funcionava daquele modo e o que eles ganhavam por ela funcionar assim, a coesão social estaria comprometida. Era necessário, então, pensar em novas instituições sociais, em uma nova forma de solidariedade, que garantisse a coesão.

A luta pela vida era maior na sociedade industrial. Os indivíduos, a partir da consciência de que há muito mais disputas dos meios de sobrevivência, sentiam maior urgência de sobrevivência e desespero, que não conseguiam ser aplacados simplesmente pelas instituições que antes conseguiam manter a coesão social; o desespero pela sobrevivência aumentava as tensões sociais. O que estava mudando, no entanto, não eram os indivíduos, mas a sociedade resultante da Revolução Industrial, a sociedade da consciência individual. Havia pessoas lutando individualmente pela própria sobrevivência. Não era mais uma preocupação com o coletivo, com o social, mas com cada qual para si.

Gradativamente, a solidariedade orgânica passou a demandar uma instituição ou um conjunto de instituições que conseguisse provar aos indivíduos que era possível viver naquela sociedade sem pensar exclusivamente em si próprio e tendo a sociedade como objetivo. Em outro trecho de sua obra sobre Durkheim, Aron (2002) aborda a solidariedade orgânica:

> A diferenciação social resulta da combinação dos fenômenos do volume e da densidade material e moral. Para explicar esse mecanismo, Durkheim invoca o conceito de luta pela vida, que Darwin popularizou na segunda metade do século XIX. Quanto mais numerosos os indivíduos que procuram viver em conjunto, mais intensa a luta pela vida. A diferenciação social é a solução pacífica da luta pela vida. Em vez de alguns serem eliminados para que outros sobrevivam, como ocorre no reino a animal, a diferenciação social permite a um número maior de indivíduos sobreviver, diferenciando-se. Cada um deixa de estar em competição com todos, podendo assim ter um papel e preencher uma função. Deixa de ser necessário eliminar a maioria dos indivíduos, a partir do momento em que, não sendo eles semelhantes entre si, porém diferentes, cada um colabora com uma contribuição que lhe é própria para a vida de todos. (Aron, 2002, p. 472-473)

Nessa sociedade industrial, a competição aumentou e, para que essa competição não virasse uma seleção "natural", na qual somente um grupo se "daria bem" e o outro seria extinto, criou-se uma diferenciação social que foi também econômica – algumas pessoas ganhariam mais do que as outras –, mas haveria uma demonstração de que, se não fosse assim, um grupo enorme de indivíduos seria extinto. Essa solução não era pautada na igualdade, mas em uma distinção de funções que tinha obviamente remuneração diferente, uma condição econômica diferente. Por outro lado, ela evitaria, por exemplo, os conflitos sociais e a miséria. Para isso, seria necessário criar instituições sociais que esclarecessem que essas diferenciações eram necessárias para que sociedade industrial pudesse existir.

É claro que, na sociedade capitalista, houve um individualismo crescente e, cada vez mais, a consciência individual se consolidou. Os indivíduos passaram a lutar por seus direitos e a ter consciência deles. Por outro lado, se existem demandas individuais é porque a sociedade limita esses indivíduos de alguma forma, se alguém tem mais direitos que os outros, então isso não é um direito, é um privilégio. Se o sistema de castas desapareceu juridicamente, algumas profissões, no entanto, só são acessíveis aos que possuem algum sobrenome ou posses. Dependendo do país, as condições sociais para estudo e profissionalização são para muito poucos.

Antigamente, essas divisões de poder eram vistas como um direito divino, mas, na racionalidade moderna, essa explicação não é mais possível. Os indivíduos demandam justiça; as sociedades modernas só serão estáveis se respeitarem essa justiça, ou seja, se equacionarem o problema da liberdade e da igualdade. Então, para que essa sociedade funcione, o problema da liberdade individual e da igualdade social deve chegar a um equilíbrio.

De acordo com Aron (2002), Durkheim diz que as diferenciações sociais criaram a condição para a liberdade individual. De fato, foi somente na sociedade em que a consciência coletiva se tornou menos inflexível que o indivíduo ganhou relativa autonomia de julgamento e de ação. O problema central das sociedades modernas estava na relação indivíduo/sociedade, ou seja, na oposição consciência individual *versus* consciência coletiva. Se, de um lado, o indivíduo passou a ter consciência de si e a não mais aceitar certos imperativos sociais, de outro lado, o individualismo tornou-se um problema e, até mesmo, um perigo para a coletividade.

Foi preciso, então, que a própria sociedade impusesse uma nova disciplina, porque as instituições que funcionavam na solidariedade mecânica deixaram de ter eficácia. Foi preciso evitar que a sociedade decaísse para uma condição anômica, patológica, de difícil reorganização. A consciência coletiva precisou urgentemente ser resgatada por meios de novas instituições sociais ou a sociedade se tornaria, cada vez mais, palco de comportamentos desviantes das leis sociológicas naturais.

Ainda, foi necessário criar uma moralidade no mundo do trabalho, a fim de evitar que este se tornasse um espaço gerador de patologias sociais. Se o direito é fonte de solidariedade, foi o direito civil que regeu as relações e os vínculos entre os indivíduos. O direito nas sociedades complexas foi essencialmente restitutivo, no sentido de que cada indivíduo precisa de outros indivíduos, impedindo que as diferenciações entre eles se constituíssem em um fator de desintegração. O direito civil marcou a necessidade do contrato para que as partes, na autonomia de suas vontades, concordem e cumpram o estabelecido.

O direito que corresponde à solidariedade orgânica, portanto, é o direito civil, com sanção restitutiva e tendo como objetivo a reparação ao dano causado. É o direito que opera no âmbito do descumprimento das obrigações contratuais. A solidariedade orgânica se fortaleceu, pois os indivíduos passaram a se ver titulares de direitos. Aquele que não cumpre um contrato não passa por humilhação ou revolta da opinião pública, como no direito penal. O direito civil ultrapassa as consciências coletivas, contribuindo para a pronta restauração dos vínculos entre os indivíduos, mesmo que haja alguma relação sujeita ao direito penal (Durkheim, 2010).

— 2.6 —
Direito repressivo e direito restitutivo

A contribuição da sociologia durkheimiana ao estudo do direito encontra-se, como vimos, em sua obra *Da divisão do trabalho social* (2010), na qual o autor propõe a solidariedade como o fundamento da coesão social. Durkheim sustenta a tese de que o equilíbrio jurídico da vida social repousa sobre dois pilares: o direito público e o direito privado. Em outras palavras, o equilíbrio social e jurídico passa pela necessidade de a sociedade ter instrumentos e saber o que fazer com o cidadão e com o criminoso, ou seja, saber o que fazer com o crime.

O direito penal, também chamado de *direito repressivo*, constitui um conjunto de penas que devem ser atribuídas àqueles que infringem a consciência comum ou coletiva (moral, costume). O crime enfraquece a ordem harmônica do corpo social e é nesse sentido que o papel do direito repressivo é fundamental, porque desencoraja a subversão da ordem social e atua como protetor da sociedade contra o transgressor.

Para Durkheim (1990), a transgressão ou a ruptura da consciência coletiva, todavia, devem ser entendidas como normalidade, porque o crime é também fato social, um fato social normal ou patológico. Durante suas pesquisas, Durkheim mostra-se surpreso e desconcertado com o fato de o comportamento criminoso ser considerado normal, embora lastimável, mas ele apresenta as razões que explicam essa normalidade:

> Em primeiro lugar, o crime é normal porque seria inteiramente impossível uma sociedade isenta dele. Para que os atos reputados criminosos na sociedade possam deixar de ser cometidos, seria preciso que os sentimentos que eles ferem fossem encontrados em todas as consciências individuais sem exceção, e com o grau de força necessária para conter os sentimentos contrários. Mesmo assim, o crime não desapareceria, apenas mudaria de forma, pois, a própria causa, que assim esgotaria as fontes da criminalidade, abriria imediatamente outras. (Durkheim, 1990, p. 58)

Durkheim (1990) argumenta que é normal que haja tentativas de transgredir o sistema, como é normal, também, a pena para o transgressor; o que não é normal é a impunidade. Para o teórico, um fato é considerado patológico quando foge da média estatística, e estes requerem uma atenção especial. De forma geral, porém, nenhum crime ou nenhuma ação que perpetre danos contra a sociedade podem ser ignorados, sob pena de provocar a ruína da própria sociedade. A circunscrição do direito repressivo é, portanto, o crime, visto que esse campo jurídico não está aparelhado para lidar com o cidadão, porque nele se cita a pena. É um direito que agride, um direito que usa a força se necessário, dada sua dimensão punitiva.

Na área do direito restitutivo, trabalha-se em outra dimensão, porque nela se cita o direito. É outro território: aqui, a ordem jurídica lida com o cidadão. Se um cidadão é submetido a um procedimento do Estado, aplicável somente aos que cometem crime, a sociedade imediatamente reage com indignação. Da mesma forma, isso acontece se um criminoso é tratado como cidadão. O campo do direito restitutivo é mais brando, mais cordial, já que se trata do campo da cidadania. Se no direito repressivo o foco é a pena, no direito restitutivo se cita apenas o direito.

O direito restitutivo é preparado para tratar os litigantes de forma mais serena. Se alguém teve seu bem danificado por outrem, o direito restitutivo será acionado. A autoridade jurídica não evocará o processo penal nem citará a pena, mas apontará o direito, obrigando aquele que danificou o patrimônio a restituí-lo de modo tal como antes do dano. O direito repressivo será citado caso o cidadão se negue a cumprir a determinação.

O cidadão tem outro tratamento no direito restitutivo. Em uma audiência, ele é tratado com os direitos amplos de cidadania. O criminoso condenado a uma pena de privação de liberdade também incorpora, em alguma medida, direitos restitutivos, no sentido de que cabe ao Estado que o prendeu fornecer moradia, alimento, atividades físicas e profissionais etc. Portanto, ele tem seus direitos de cidadão mutilados, mas não a perda de seus direitos totais. Para Durkheim (1990), como vimos, a criminalidade não é um caso perdido, mas um processo em que, mediante a pedagogia da pena, possam ser resgatados os direitos de cidadania.

O binômio direito repressivo/direito restitutivo, em Durkheim, é muito importante para o estudo do direito, na medida em que nos ajuda não apenas a compreender a verdade jurídica, mas também a medir inclusive a eficácia do setor jurídico em equilibrar o organismo social.

— 2.7 —

Suicídio

Na solidariedade orgânica (ou inorgânica), há a percepção dos problemas mais graves da sociedade: as anomias sociais advindas da ausência, ou do desconhecimento, ou da desintegração das regras sociais. Um tipo específico de anomia é o suicídio, título do livro de Durkheim (1995), escrito em 1897 e considerado uma obra prima da sociologia. Para Durkheim, o problema da integração e da coesão sociais é um dos mais importantes para a sociologia e se faz presente, na verdade, em todas as suas obras.

Durkheim (1995) se inquietava com fenômenos sociais perturbadores da ordem social e com as maneiras pelas quais uma sociedade poderia chegar a um consenso, de forma tal que a coesão social pudesse ser sempre mantida. Foi nesse livro que Durkheim focou em validar suas teses, quais sejam, os conceitos fundamentais de fato social, leis sociais naturais, solidariedade orgânica e anomia.

Como todo o estudo científico, Durkheim (1995) levantou uma hipótese: o suicídio, um ato considerado o ápice do individualismo, não seria determinado por condições subjetivas, psicológicas, independentemente de aspectos pessoais, mas sim por condições sociais. O teórico lembra que a sociedade não é uma simples soma dos indivíduos, mas os indivíduos são ligados por uma consciência coletiva e aqueles com forte sentimento de pertencimento não buscariam dar fim às suas vidas. Ao contrário, onde há pouco sentimento de pertencimento, há aumento de ocorrência dessa anomia.

No cerne de suas teses está, portanto, a análise e a explicação de que por trás de toda a ação individual está um fato social influenciando a que se aja desta ou daquela forma. Nessa análise instigante sobre o suicídio, Durkheim concluiu que, mesmo que as causas pareçam ser de foro íntimo, pessoal, particular, o ato vai acontecer, independentemente de nossas opiniões, de nossas paixões.

A direção para a qual Durkheim (1995) aponta é que, na sociedade moderna, em razão do enfraquecimento da consciência coletiva, o fenômeno do suicídio aumenta. A análise durkheimiana demonstra as causas sociais que levam o indivíduo a procurar a morte, refutando as hipóteses anteriores por não serem sociológicas, mas psicológicas, subjetivas. O problema que leva um indivíduo que se sente desprotegido a ponto de se matar não está nele, mas é indicativo de uma sociedade doente.

Durkheim considerou que a sociedade moderna é boa, porém, de posse de dados estatísticos, ou seja, dados quantitativos, ele os analisou qualitativamente para, a partir de conceitos empregados, entender o que a compromete. O teórico percebeu que, na sociedade moderna, o predomínio da razão, as individualidades, as profissões, as especializações a livre iniciativa e o enfraquecimento das tradições não tornou o ser humano mais feliz. Ele afirmou isso baseado no aumento do número dos suicídios. Durkheim fez, então, a crítica da sociedade burguesa por não desenvolver instituições sociais capazes de estancar as crises econômicas, a degradação e a miséria dos trabalhadores e a violência contra as reivindicações trabalhistas (Aron, 2002).

Para Durkheim, esses fenômenos são patológicos, provocados pela anomia (ausência ou desintegração das normas sociais) e pela redução exagerada das crenças e dos valores comuns. Mesmo sendo complexa, a sociedade precisa algo comum, da solidariedade mecânica, do grupo. Durkheim define o suicídio como "Todo caso de morte provocado direta ou indiretamente por um ato positivo ou negativo realizado pela própria vítima e que ela sabia que deveria provocar esse resultado" (Durkheim, 1995, p. 167).

O mais importante, para Durkheim (1995), é que o suicídio é um ato que é cometido com consciência do indivíduo, isto é, ele quer provocar esse resultado. O ponto de chegada de suas análises é sempre explicado sociologicamente, ou seja, é um fato social ou, ainda, a sociedade agindo sobre o indivíduo. Durkheim lança mão das taxas de suicídio desde que a sociedade, no caso a francesa, começou a fazer esses registros.

Ele notou, então, que, ao longo da história, sempre houve suicídio, com uma taxa mais ou menos constante e com pequenas variações. No entanto, observou que, a partir do processo de industrialização e urbanização, ou seja, da constituição da solidariedade orgânica, a taxa de suicídio começou a aumentar. Como sociólogo, Durkheim se concentrou em saber o que estava havendo não com os indivíduos, mas com a sociedade que os estava levando ao suicídio.

Salvo raríssimas exceções, em tipos ligados às patologias (individuais, não sociais), ou seja, casos clínicos, ele percebeu que o suicídio era determinado por condições sociais, embora a predisposição individual possa ser um catalizador do ato e, como catalizador, não evita que o processo aconteça. Durkheim (1995), então, colocou em uma escala de hierarquia, como causa fundamental, a determinação social, e, como causa conjuntural, a predisposição. O suicídio não seria também um fenômeno de imitação social, em que as pessoas fariam isso em função de que muitas outras estão fazendo, ou em situações em que há redução da capacidade racional do indivíduo.

Quanto maior a vitalidade das instituições às quais o indivíduo está ligado, a solidariedade dos grupos (familiar, religioso, de trabalho) e os laços sentimentais para com estes, menos estímulo ao suicídio ele receberá. Definido isso, Durkheim estabeleceu uma tipologia do suicídio, categorizando-a em quatro tipos fundamentais:

1. **Suicídio egoísta**: o indivíduo teria uma intolerância aos limites sociais imperativos. É o indivíduo que não aceita esses imperativos porque se sente superior à sociedade ou porque é indiferente a ela, aqui no sentido de tanto faz, ou seja, o indivíduo só pensa em si próprio e, ao mesmo tempo, a sociedade também o ignora. Esse suicídio é provocado, portanto, pela carência de vida social em via de excesso de individualidade: "o ego individual se afirma demasiadamente ao ego social" (Durkheim, 1995, p. 109). Acontece principalmente nas sociedades modernas em comparação às sociedades antigas ou primitivas. A não integração do indivíduo aos grupos sociais diversos causa depressão, melancolia e sensação de desamparo, desencadeando, então, o ato.

2. **Suicídio altruísta**: há uma plena fusão do indivíduo na sociedade. O indivíduo está tão integrado que sua consciência individual nunca é superior à consciência coletiva. O ato é praticado como um dever à coletividade; o ego está em segundo plano porque o que dá sentido é a missão para com a sociedade. Pode ocorrer com pessoas enfermas, muito idosas ou mesmo com indivíduos que se identificam com alguma causa. Nesse caso, o suicídio é esperado e, se não for cumprido, é punido com a desonra (mártires, honra, kamikazes). Por outro lado, seu ato altruísta é recompensado pelo reconhecimento social do heroísmo. Aqui, o ego do indivíduo não lhe pertence, situando-se em um dos grupos de que ele faz parte, como a família, o Estado ou a Igreja (Durkheim, 1995).

Esses dois primeiros tipos de suicídio são pares opostos na relação indivíduo/sociedade e, com relação a eles, Durkheim (1995) afirma que sempre existiram, cuja taxa sempre foi constante e com poucas variações. Contudo, a partir da formação da sociedade industrial, surgiu um novo tipo de suicídio, o anômico.

3. **Suicídio anômico**: é o tipo que mais interessa a Durkheim por se tratar de um fenômeno que coloca em risco o funcionamento da própria sociedade. Esse suicídio é uma consequência da desintegração da consciência coletiva. Acontece quando a sociedade passa por um estado de desregramento social, no qual as normas estão ausentes ou perderam o respeito. Típico das sociedades modernas, esse tipo de suicídio indica a insuficiência das instituições. A sociedade industrial

é bastante fragmentada, com numerosas funções pequenas e distintas entre si, fazendo com que o indivíduo não reconheça com clareza o papel a ser desempenhado. A falta de regulamentação dessas funções aumenta o estado de anomia. Portanto, o indivíduo deseja participar da sociedade, mas esta deixa de estar suficientemente presente para conter as frustrações individuais. Ocorre em momentos de crise econômica, mas também, surpreendentemente, nos períodos de grande prosperidade (Durkheim, 1995).

4. **Suicídio fatalista**: Durkheim tangencia esse tipo de suicídio à medida em que ele aparece em oposição ao suicídio anômico. Ao contrário deste, o suicídio fatalista seria o resultado do excesso de norma ou de cobrança moral, a tal ponto de os indivíduos sentirem suas aspirações sufocadas por uma disciplina demasiadamente tirana.

Assim, ao contrário de ser o suicídio um evento com origem no indivíduo, trata-se, na verdade, do resultado de fatores de origem social, ao qual Durkheim (1995) denominou *correntes suicidogêneas*, verdadeiros estímulos que agiriam sobre os indivíduos empurrando-os ou possibilitando-lhes que procurem a própria morte.

O estudo do suicídio foi fundamental para a construção da sociologia como ciência. Baseado em estatísticas, Durkheim (1995) argumentou que os suicídios ocorrem por tendências e movimentos originados em fatos ocorridos na sociedade e que vão desencadeá-los nas formas que citamos anteriormente.

— 2.8 —
Durkheim na atualidade

Mesmo sendo um sociólogo adepto da teoria do consenso, Durkheim foi um crítico da sociabilidade capitalista que se formou no seio da sociedade industrial, assim como atesta sua obra sobre o suicídio. A perda da noção de coletivo e o indivíduo transformado em mera peça da engrenagem de um sistema ordenado para executar tarefas são percebidos por Durkheim como **anomias sociais**. O imaginário sociológico nasce, indubitavelmente, da crítica à modernidade, mas o contexto político crucial para Durkheim é o da consolidação da Terceira República Francesa, ou seja, tornar real o grande ideal social e político de liberdade, igualdade e fraternidade, surgido na Revolução Francesa. Isso em nada se diferencia nos nossos dias.

Durkheim trabalhou o conceito de *anomia* para se referir não só à ausência de normas sociais, mas também à falta de solidariedade. No contexto em que as rápidas transformações sociais provocadas pelas revoluções burguesas forjaram também um clima de desamparo, de sentimentos de falta de finalidade e de solidariedade, as competições, concorrências sem regulamento e individualização excessiva (própria da economia capitalista), fizeram com as sociedades modernas entrassem em um estado doentio, de anomia. Apesar disso, a sociedade continuou existindo em função de uma solidariedade que despontava no campo do trabalho. Era preciso, no entanto, equilibrar o conjunto de normas sociais e jurídicas de modo a não oportunizar desvios sociais.

Na passagem da solidariedade mecânica para a solidariedade orgânica, ocorreu uma diminuição da importância da moral social em detrimento da esfera individual, que se alargou. Durkheim (2018) ressalta a importância da moralidade em seu livro A *educação moral*, escrito em 1902, no qual aborda a função da moral no combate ao estado anômico, como combate à desigualdade. A anomia produz uma situação social de enfraquecimento dos vínculos sociais e de perda da capacidade da sociedade em regular o comportamento anômicos de modo geral e egoísta (em particular) dos indivíduos. Trata-se de uma ausência de um corpo de normas sociais capaz de garantir um convívio social relativamente harmônico.

Contudo, Durkheim era otimista em relação ao estado anômico da sociedade. Para ele, essa seria uma etapa temporária, fruto das transformações sociais modernas que haviam esfriado os afetos e as tradições, e seria superada a partir do momento em que grupos de interesses encontrassem novas regras, a fim de regulamentar o que se encontra desajustado, assim como afirmar novas tradições ou fortalecer a moral social.

A divisão do trabalho era um caminho sem volta e, cada vez mais, adentrava em todos os setores da sociedade, e não apenas nas fábricas. Nesse sentido, a anomia seria o resultado imediato do desequilíbrio dessa divisão.

No entanto, Durkheim faleceu sem vivenciar a sociedade ideal. Ele morreu em 1917, quase no final da Primeira Guerra Mundial, um dos mais trágicos episódios que a história humana contemporânea protagonizou e que teve como epicentro a expansão dos interesses capitalistas.

A pauperização e a precarização do trabalho são o mal das sociedades modernas, a marca trazida pelas rápidas transformações e a causa dos desajustes sociais e da crise existencial, tudo fomentado pela ausência de uma forte consciência coletiva. Isso quer dizer que *anomia* não significa só ausência de normas ou negação, mas também, como já dito, falta de solidariedade. Acontece que, em uma situação de anomia, as fronteiras sociais se encontram muito tênues, e o indivíduo não consegue discernir o que é justo e o que é injusto, legítimo ou ilegítimo, perdendo, com isso, as referências sociais. Desenvolvem sentimentos de frustação e mal-estar, vivendo como se não existissem normas, como se vivessem no reino do "tudo é permitido".

É uma clara referência à ideia de "estado de natureza" das considerações de Hobbes no século XVII sobre uma sociedade anárquica, dolorosa para os indivíduos que sofrem com a desordem e com a sensação crônica de hostilidade e de desconfiança recíproca. Na falta de uma autoridade – no caso de Hobbes, o Estado, no caso de Durkheim, a consciência coletiva (moral) –, é a lei do mais forte que reina, cronificando o estado de violência.

A moralidade é vital para a vida social, pois ela é fonte de solidariedade na qual o indivíduo pode contar com o próximo e regular sua conduta em algo que não seja o impulso de seu egoísmo. Na época de Durkheim, na passagem do século XIX para o século XX, a França se encontrava em plena carência desses laços. A crise, provocada pela perda dos valores morais e da solidariedade nas corporações de ofícios, espécie de proteção para os trabalhadores, piorava ainda mais com a anomia jurídica, isto é, um ordenamento jurídico voltado seletivamente para os interesses econômicos burgueses.

Os trabalhadores se sentiam desprotegidos, visto que o progresso rápido e sem precedentes não trouxe consigo instituições morais que equilibrassem os interesses políticos e econômicos. Crises políticas e econômicas geram crises morais e incapacitam a sociedade de exercer sobre seus membros sua função precípua de freio moral. Na ausência dessa consciência superior à dos interesses dos indivíduos, estes deixam de ser solidários.

Quando a economia de um país se encontra em um estado de anomia jurídica e moral, sinaliza que a própria moral profissional não conta com uma moral fortalecida. No século XIX, as instituições integradoras (como a religião e, principalmente, a família) tiveram laços enfraquecidos pela divisão do trabalho social. Com os indivíduos absorvidos pelo mundo de suas profissões, o compromisso com a religião e com a família ficava em segundo plano ou até desaparecia.

Ao diminuir a influência sobre a vida privada, a religião, a família e o Estado perderam o poder de fazer com que as consciências individuais convivessem em conformidade com a consciência superior. Quanto mais diversidade de correntes religiosas, menos eficácia tem a religião de subordinar o indivíduo ao "sagrado", e, nesse diapasão, a profissão vai tomando cada vez mais lugar na vida social, visto a enorme quantidade de tempo passado dentro de uma indústria. O mundo das profissões, segundo Durkheim (2010), poderia constituir-se em um lugar de reconstrução da solidariedade e da moralidade; as corporações, por sua vez, teriam esse papel integrador e vivificador, sucedendo a família no papel de restabelecer a rede de interdependência orgânica de dinâmica, própria de uma divisão do trabalho saudável, harmônica e equilibrada (Durkheim, 2010).

No entender de Durkheim, a divisão anômica do trabalho não seria resultado apenas da distribuição injusta da riqueza, mas também da falta de um ordenamento jurídico nas atividades econômicas e nas relações de trabalho, o que acarretava mais desigualdade e insatisfação. Ainda sobre a moral, Durkheim afirmou:

> mas se se tentam fixar em uma linguagem sobre o que devem ser as relações do empregador com o empregado, do trabalhador com o chefe da empresa, dos industriais concorrentes entre si ou com o público, obtêm-se fórmulas indecisas [...] algumas generalidade sobre a fidelidade e a dedicação que os assalariados de todos os tipos devem àqueles que os empregam [...] Os atos mais censuráveis estão tão absolvidos pelo sucesso que o limite entre o que é proibido e o que é permitido, entre o que é justo e o que é injusto, não tem nada de fixo. (Durkheim citado por Quintaneiro; Oliveira; Barbosa, 1995, p. 43)

Dessa forma, para o teórico, embora a atividade econômica estivesse em conformidade com a civilização, não havia uma moral que se impusesse às relações de trabalho ou dos negócios, tudo mostrava-se muito frouxo. Durkheim observa ser justamente nas cidades industriais que as taxas de suicídio e da criminalidade crescem. O Estado não regula, a família não regula, o mundo do trabalho tampouco. Durkheim admitia que o momento em que ele vivia era de anomia ou de quase anomia, porque novos valores que haviam sido criados, por exemplo, os ideais republicanos, não estavam incorporados nos cidadãos.

Por outro lado, embora Durkheim fosse, em certa medida, simpático aos ideais socialistas, não achava que eles fossem a melhor solução, afinal, ele analisou a sociedade pelo prisma do consenso, e não do conflito, e o socialismo era amplamente combativo pelas classes empresariais. O socialismo era, para Durkheim, mais um indicador do mal-estar social produzido pela imensa desigualdade social e pela falta de regulação dos impulsos egoístas dos empresários do que uma via de consolidação dos ideais da revolução.

Durkheim problematizou a desigualdade social quando a analisou no contexto da moral. Até os nossos dias, a desigualdade social é um problema, porque igualdade social é um valor moral elevado, ao passo que a desigualdade viola o que há de mais sagrado, que são os direitos básicos de cada indivíduo. O problema só seria solucionado com a intensificação da consciência moral em relação à própria desigualdade. Isto é, uma sociedade que aprendeu que a posse de muitos bens é algo bom nunca valorizará a igualdade.

O combate à desigualdade social é, para Durkheim, uma luta moral. O pensador não via a igualdade no sentido do socialismo, mas como fruto de uma solidariedade operando para que não se permitisse o excesso e a carência, mas, enquanto não existir uma cultura voltada para a igualdade social, o mundo será um lugar permanente de anomia.

A atualidade de Durkheim é sua permanente preocupação com a organização da sociedade civil. A teoria durkheimiana pode ser expressa hoje no formato dos movimentos sociais, na forma de sindicatos e de organizações não governamentais (ONGs), por exemplo, que pressionam a Estado por políticas de melhorias. É da competência do Estado garantir todas as condições de vida digna para os indivíduos, sob o risco de corroer a moral social. Nesse sentido, a educação tem um papel fundamental na capacitação dos indivíduos para o trabalho, evitando que a divisão do trabalho seja anômica. Durkheim considerava o trabalho escavo, a miséria dos trabalhadores de baixa remuneração e a exploração do trabalho infantil formas patológicas da divisão do trabalho.

Mesmo pensando dentro do espectro liberal, da crença na eficácia do Estado em intermediar as relações, Durkheim viu a sociedade não como algo fechado – e aqui ele se distancia um pouco da visão funcionalista conservadora, na qual todos estão presos ao sistema e o alimentam – mas como algo que se pode transformar. Durkheim é um autor muito útil nos dias de hoje, pois foi um ardoroso defensor da democracia e da república, o que faz suas teorias serem plenamente possíveis de atualização.

— 2.8.1 —
Anomia, ineficácia jurídica e o papel do Estado

A anomia, nas sociedades contemporâneas, é um tema que interessa profundamente à sociologia durkheimiana. Dada a presença constante de fatos anômicos nas ditas sociedades industriais, abordaremos, agora, o direito quanto ao seu papel moral de tornar solidárias as relações, principalmente nos conflitos entre trabalho e capital, e o Estado quanto ao seu papel de instrumento garantidor da organização social.

Segundo Sabadell (2005), uma norma jurídica considerada inadequada ou injusta gera uma recusa nos indivíduos em cumpri-la. O indivíduo viola a norma por convicção, encontrando-se em situação de inovação ou de rebelião. A ineficácia anômica do direito leva o Estado a tomar certas medidas, tais como tolerar a violação, realizar mudanças na legislação, fazer propaganda moral exortando as pessoas a respeitar as leis ou intensificar a repressão a fim fazer cessar a tendência anômica.

Uma discussão muito importante no campo do direito é aquela que diz respeito à anomia, à heteronomia e à autonomia. Esse assunto está relacionado ao comportamento dos indivíduos perante as normas da sociedade e tem por referência, além de Durkheim, Kant. O termo *anomia*, já bastante trabalhado neste capítulo, em determinado contexto está relacionado aos conceitos de *heteronomia* (héteros = outro) e de *autonomia* (auto =

mesmo). No caso da heteronomia, o indivíduo se submete à lei estabelecida por outros, e, no caso da autonomia, o indivíduo se rege por suas próprias leis.

As normas jurídicas são heterônomas, e, aqui, o problema da anomia passa a ser considerado de outra forma. O grupo que não acata as regras jurídicas vive uma tensão entre suas convicções e as prescrições do ordenamento jurídico estatal. A anomia não constitui ausência de norma, e sim conflito entre as normas prescritas e as normas aceitas pelo grupo em questão. Dito de outro modo, há um choque entre a autonomia do grupo e a heteronomia que caracteriza o direito estatal (Sabadell, 2005).

Capítulo 3

Karl Marx (1818-1883)

Alemão nascido em Trier, de família de classe média, filho de advogado, Karl Marx também teve sua primeira graduação em direito. Seu doutoramento foi em Filosofia, aos 24 anos. A vida acadêmica de Marx não foi separada das lutas políticas estudantis, o que lhe custou a cátedra na universidade. Contribuiu grandemente para as áreas do direito, da história e da economia. Em suas análises, estão presentes, desde sempre, as relações sociais relacionadas à exploração do trabalho provocadas pelo capitalismo industrial. A relação central na sociologia de Marx deriva, fundamentalmente, da compra e venda da força de trabalho, ou seja, das relações de assalariamento. Marx se dedicou a explicar a extraordinária dinâmica da sociedade capitalista, organizada em função do modo de produção da mercadoria, em que o trabalho é a mercadoria principal.

— 3.1 —
Sociologia marxiana

Ao lado de Émile Durkheim e Max Weber, Karl Marx foi um dos fundadores da sociologia, e seu pensamento é fundamental para compreendermos o sistema capitalista e a formação política da classe trabalhadora no século XIX, bem como a formação do Estado burguês e sua dominante estrutura jurídica. Marx é o pensador que questionou a limitação, intrínseca ao capitalismo, em cumprir as premissas sob as quais se exprimem a liberdade, a igualdade e a fraternidade.

Karl Marx (1818-1883)

Marx pensou a realidade social de forma concreta, desmistificada, abdicando de qualquer explicação sobrenatural ou metafísica que justificasse a riqueza, a pobreza, a dominação e a opressão. Ao levantar teses que pregam a superação do capitalismo, Marx tornou-se um dos mais polêmicos pensadores das ciências humanas. Contudo, é preciso estudar suas teses e teorias para que as críticas ao seu pensamento não se atenham ao campo do pré-juízo ou do preconceito.

Marx assistiu à proliferação das fábricas, à aceleração da produção de mercadorias e à ampliação dos mercados, bem como às desigualdades sociais resultantes desses processos. Seus estudos refletem, em grande parte, as contradições da economia capitalista, as condições miseráveis da classe trabalhadora, a consolidação do Estado burguês, as ideologias políticas e jurídica burguesas, a consciência de classe dos trabalhadores e as doutrinas socialistas nos movimentos políticos operários.

Ao passo que Durkheim enxerga a sociedade pelo prisma do consenso como forma de manter a sociedade funcional e coesa, Marx foi um teórico do conflito. Para ele, enquanto a divisão de classe está na gênese das desigualdades sociais e o Estado é um reflexo dos interesses da classe dominante, mantendo a desigualdade, é inevitável que advenham as lutas sociais dos oprimidos contra seus opressores. Marx é, por excelência, o teórico da revolução.

— 3.1.1 —
Socialismo científico

O objeto de análise social é, para Marx, a luta de classes. Tanto que, já em 1848, Marx e Engels lançaram, em parceria, a obra *Manifesto do Partido Comunista*, que expressa as revoluções operárias na França e em outros países e na qual afirmam: "a história de toda a sociedade, até hoje, nada mais é do que a luta de classes" (Marx; Engels, 1988, p. 66).

A análise de sociedade de Marx visa à mudança social via revolução, a fim de estabelecer uma sociedade sem classes sociais e, portanto, sem desigualdades. Ao mesmo tempo, o pensador estabeleceu que uma sociedade sem classe só seria possível na inexistência do Estado, já que, segundo ele, este existe para proteger os interesses de uma classe em detrimento de outra. Antes de sua derrubada, que ocorreria em um processo de revolução, o Estado seria ocupado pelo proletariado com a implantação de uma ditadura. Aqui, vale ressaltar que o termo *ditadura* tem concepção diferente para Marx: longe de parecer totalitário, ele se inspira em Rousseau e na antiga república romana, que, em face de conjunturas atípicas, votaria em um "ditador" para solucionar o problema dentro de um prazo pré-fixado.

O socialismo científico nasceu nesse contexto de profundas transformações sociais, políticas, econômicas e culturais. Esses movimentos tiveram início por meio da consciência que os trabalhadores passaram a ter acerca de sua situação de classe, contrapondo-se à revolução burguesa e à falácia da liberdade, igualdade e fraternidade.

Foi nesse contexto que Marx (1988) enfatizou a diferença entre socialismo científico e socialismo utópico. Liberdade, igualdade e fraternidade são condições claras dos ideais socialistas. Para ele, aqueles que consideravam possível chegar a essas condições fazendo reformas no próprio capitalismo tinham uma visão ingênua, uma vez que acreditavam que a boa vontade e a filantropia dos capitalistas instaurariam a justiça social. Estes são considerados por Marx *socialistas utópicos*. O socialismo é científico quando aponta a realidade intrínseca do capitalismo: a tendência de concentração de riqueza de um lado e a miséria do outro.

A concentração capitalista foi um dos grandes acertos de Marx. Se o capital tende a se concentrar, é possível afirmar que os proprietários dos meios de produção serão em menor número, donos corporações cada vez maiores: um banco engole o outro, o dono de um pequeno mercado vende seu negócio para uma grande rede e passa a ser empregado dela. Ao eliminar a concorrência, a burguesia diminui. O capitalismo favorece a proletarização e a precarização sucessivas das relações de produção:

> O trabalhador fica mais pobre à medida que produz mais riqueza e sua produção cresce em força e extensão. O trabalhador torna-se uma mercadoria ainda mais barata à medida que cria mais bens. Esse fato simplesmente subentende que

o objeto produzido pelo trabalho, o seu produto, agora se lhe opõe como um ser estranho, como uma força independente do produtor. (Marx, 2004, p. 3)

Para o pensador, a liberdade, a igualdade e a fraternidade, uma vez que são ideias oriundas das revoluções burguesas, não passam de falácias; só são possíveis como conquista das lutas dos trabalhadores. O mundo que se revela a Marx é caracterizado por uma intensa exploração da mão de obra do trabalhador, por uma intensa exploração do trabalho feminino e infantil, por ações do imperialismo nas conquistas de territórios e total subjugação tecnológica e militar dos povos. Isso tudo deveria ser superado pela tomada do poder político pelo proletariado.

Nos estudos de Marx, a política e o socialismo científico estão presentes principalmente na obra O 18 de Brumário de Luís Bonaparte, escrita em 1852, na qual o pensador faz um intenso relato sobre a crise política francesa e o golpe de Estado perpetrado por Luiz Bonaparte, sobrinho de Napoleão Bonaparte. Na obra, Marx (1978) expõe sua teoria científica da história e confirma que o Estado é criado para servir de instrumento da classe dominante. A luta dos trabalhadores, para ele, teria o papel precípuo de expulsar a minoria rica e parasitária do Estado.

— 3.2 —
A concepção da história em Marx

Para conceber sua teoria científica da história, denominada *materialismo histórico*, Marx aprofundou seu conhecimento sobre a história das classes sociais, a fim de produzir uma compreensão crítica da realidade, ressaltando que as classes nunca são o que aparentam ser e, por isso, é preciso descobrir as contradições ocultas, inerentes às classes. Para o teórico, o primeiro ato histórico de toda a humanidade são os seres humanos vivos e produzindo os meios para continuarem existindo.

A história, de acordo com Marx e Engels (1988), é um contínuo movimento de relações sociais de produção. Em algum momento dessa história, surgiu a propriedade privada dos meios de subsistência, e, por isso, a sociedade dividiu-se em duas classes: os donos dos modos de produção e os donos da força de trabalho. Essas classes se enfrentam e, a cada enfrentamento, há uma mudança econômica na sociedade. Portanto, para os teóricos, é a luta de classes o fator que movimenta a história, o motor da história. A história da luta de classes é resumida da luta entre o senhor e o escravo, o nobre e o servo, o burguês e o proletário, e sempre foi marcada por uma minoria que explora a maioria. A maioria não percebe que é explorada, e a exploração é aceita como se fosse natural.

Quando o jogo da exploração é desvendado, aquela estrutura começa a ruir e as mudanças começam a acontecer. No passado, a burguesia sentiu a necessidade de romper os limites ideológicos que travavam sua atividade econômica, por exemplo, as normas clericais que condenavam comércio, a usura e a cobrança de juros. A Igreja, para conservar seu poder, precisava manter coeso o feudalismo, crido como um valor sagrado, uma verdade. Quando essa ideologia passou a ser contestada pela burguesia, as contradições inerentes àquele contexto começaram a aparecer e as mudanças tiveram início. A luta de classes, portanto, sempre será o motor da história, e são os seres humanos reais que fazem a história mudar: "Os homens fazem sua própria história, mas não a fazem sob circunstância de sua escolha e sim sob aquelas com que se defrontam diretamente ligadas e transmitidas pelo passado" (Marx, 1978, p. 17). Vejamos, a seguir, os principais conceitos da teoria de Marx.

Conceitos fundamentais na teoria marxiana

- **Capitalismo**: processo contínuo de grande acumulação de capitais por parte da classe burguesa comercial/industrial e formação de grandes reservas de mão de obra disponível para ser contratada em troca de um salário. Meio de produção na mão do capitalista (Nunes, 1997).

Karl Marx (1818-1883)

- **Comunismo primitivo**: forças produtivas rudimentares, as pessoas viviam e trabalhavam juntas. Tudo era partilhado em comum. Inexistência de classes sociais (Nunes, 1997).
- **Escravagismo**: modo produção baseado na mão de obra escrava. Existiu em todas as grandes civilizações. Início da divisão da sociedade em classes e da acumulação de riqueza (Nunes, 1997).
- **Feudalismo**: modo de produção baseado na servidão pessoal e obrigatória ao produtor pelo Senhor (suserano). Sistema estamental sustentado por uma economia de subsistência (Nunes, 1997)
- **Forças produtivas**: conjunto dos instrumentos de produção, objetos do trabalho e a própria força de trabalho humana.
- **Relações de produção**: relações que os indivíduos mantêm entre si no processo produtivo e nos meios de produção, protegidos juridicamente na condição de propriedade privada dos meios de produção.
- **Socialismo**: os meios de produção pertencem à coletividade ou ao Estado (propriedade social ou pública dos meios de produção) e há a eliminação privada dos lucros. O planejamento da economia deve visar ao bem de todos, e não a um indivíduo ou a uma classe (Nunes, 1997).

Vale notar que, diferentemente dos teóricos a-históricos, como Adam Smith, que é pertencente à Escola Clássica, os quais percebiam o capitalismo não como fato histórico, mas como ordem econômica comandada por leis naturais, em seu materialismo histórico Marx analisou o desenvolvimento das forças produtivas como fato histórico, fruto da ação consciente dos seres humanos com o objetivo de dominarem a natureza, moldando-a de acordo com suas necessidades. Nesse sentido, a evolução dos modos produção pode ser explicada a partir do momento em que, em seu desenvolvimento, as forças produtivas entram em contradição com as relações sociais de produção, a ponto de se revelarem como obstáculos ao pleno desenvolvimento daquelas (Nunes, 1997).

Marx fez uma crítica à ideia de economia como ciência natural. Para ele, a economia é uma ciência humana, política, porque está sempre assentada sobre uma relação de poder, isto é, alguém que tem mais poderes explora e determina a vida daquele que tem menos poder.

— 3.2.1 —
Industrialização e a situação da classe operária

No período industrial, as máquinas penetravam todos os setores da indústria e novas técnicas de trabalho surgiam a todo momento. Além disso, para manusear as máquinas, toda e qualquer mão de obra era utilizada e, consequentemente, grandes massas de trabalhadores chegavam às cidades vindas do campo, movidas pelo sonho de melhoria de vida. No entanto, as condições de vida e de trabalho eram análogas à miséria, como comprovam os inquéritos da época. O relatório do Dr. Villermé (médico sanitarista francês) descreve, em 1840, a jornada de trabalho e o ambiente degradante no interior das fábricas:

> Não se trata de um trabalho, mas de uma tortura. Na fiação de algodão, cerca do 30% dos operários são crianças, muitas com idades entre 6 e 10 anos, que permanecem 16 a 17 horas de pé por dia. Muitos trabalhadores, de tão esgotados que se encontram, preferem albergar-se perto das fábricas, em bairros sombrios e superlotados por não terem como enfrentar a distância enorme até suas casas. Jornadas extenuantes e salários baixos, proliferação de doenças e degradação moral: alcoolismo e prostituição já na adolescência, constam, também, do relatório do Dr. Villermé. (Nunes, 1997, p. 133)

As desigualdades sociais são consequências do exército industrial de reserva, isto é, os desempregados que, em si, são a própria lógica capitalista. A concorrência entre os trabalhadores mantinha os salários ao nível da subsistência. Em outras palavras, podemos dizer que havia tantos desempregados, formando um contingente tão grande de mão de obra, que esse excedente se tornou um "produto" necessário ao capital, quase que de forma absoluta. Para sua autoexpansão, o próprio capital criou um contingente de mão de obra sempre pronta para ser explorada. Assim, embora Marx afirme que o trabalho seja fonte de toda riqueza, e não os meios de produção, era o capital produzido pelos próprios trabalhadores que os explorava (Hunt, 2005).

Marx observou que, para os economistas burgueses, o direito de propriedade era algo universal, natural, sagrado e não histórico, pois eles não analisavam a propriedade privada em relação às instituições jurídicas criadas à imagem de seus interesses. O mundo das trocas no mercado seria como um mundo à parte das instituições, fluindo livre, naturalmente, de modo que nem o Estado nem a norma detinham seu fluxo. O que se entendia por *direito* eram os direitos burgueses, e o Estado era o estado da classe dominante (Quintaneiro; Oliveira; Barbosa, 1995).

— 3.3 —
Mais-valia

Termo criado por Marx, a definição de *mais-valia* é a busca de quantidades cada vez maiores de lucro, que, por sua vez, é o motor vital que move todo o sistema capitalista. Para o teórico, quanto maior for o lucro obtido por meio do trabalho e quanto menor for o salário pago em troca, mais aumenta a concentração de renda de um lado e a pobreza de outro. A única coisa que interessa ao capitalista é o lucro, e a ânsia interminável por lucro é a característica essencial do capitalismo: comprar para vender mais caro e comprar barato a força de trabalho. Desse modo, o capitalista está à frente, e quem tem a força de trabalho, o empregado, caminha atrás, inseguro e tímido (Marx, 1981).

Nessa estrutura de dominação, *mais-valia* significa o maior valor produzido pelo trabalhador e que não é pago ao trabalhador, mas apropriado pelo burguês. Esse mecanismo de exploração e reprodução do capital é ocultado pela ideologia burguesa. Isso acontece porque o burguês, como classe social, é definido como o dono dos meios de produção, e o proletariado, como classe social, é definido como aquele que, não tendo os meios de produção, vende sua força de trabalho em troca de um salário.

Então, economicamente, podemos definir *salário* como uma quantidade de valor paga pelo tempo de trabalho, e não pelo que foi produzido, ou seja, como fator que não tem uma relação direta com o valor do que foi produzido, mas sim como tempo de trabalho. Exemplificando, se o operário produz durante um dia de trabalho um valor equivalente a 100 reais e recebe 10 reais, 90 reais é a mais-valia, também chamada de *mais-valia absoluta*. No volume 1 d'O *capital*, escrito em 1867, Marx (2011) fala da mais-valia absoluta que aumenta o lucro do burguês com o aumento da jornada de trabalho.

A outra é a mais-valia relativa, que aumenta o lucro do burguês com o maquinário. Reduz a jornada, porém, com a máquina, a produção só aumenta. Se, em 14 horas, o trabalhador produzia 100 produtos, agora, trabalhando 8 horas com uma supermáquina, vai produzir 1.000 produtos. Com a máquina, o trabalhador que ganha por tempo (jornada) de trabalho, e não pelo que produz, rende muito mais nesse mesmo tempo, aumentando a diferença entre o que ele recebe e o que produz. Isto é, com a mesma jornada de trabalho, a produção é muito maior, mas o trabalhador recebe a mesma quantia que recebia antes da presença da máquina. O trabalhador ganha pelo tempo, e não pelo valor produzido.

A mais-valia relativa potencializa o mecanismo de exploração, de modo que a tecnologia passa a ser um instrumento de aumento da exploração do capital sobre o trabalho. Os liberais argumentariam que o burguês investiu capital, assumiu riscos e, portanto, ao assumir mais riscos, ele tem direito ao maior valor.

— 3.3.1 —
Liberalismo e os efeitos do direito burguês no século XX: uma abordagem marxista

Quando entra no cenário intelectual, Marx tem, diante de si, um pensador e uma teoria social consolidados entre os burgueses: Adam Smith, o primeiro teórico do liberalismo, a teoria econômica e política do sistema capitalista. Em seu livro A *riqueza das nações*, publicado em 1776, no início da Revolução Industrial, Smith faz uma crítica ao sistema de privilégios dos senhores feudais e dos nobres do Estado absolutista que mantém a riqueza permanentemente em suas mãos, em detrimento da população carente absolutamente impedida melhorar sua situação social. Para Smith (2017), a liberdade política, a livre iniciativa e a livre concorrência, pertencentes aos indivíduos, trariam o progresso para toda a nação. Para isso, as forças que atuam no mercado deveriam estar inteiramente livres das intervenções do Estado.

Smith é defensor do processo burguês que vai pôr um fim ao sistema que produz poder e riqueza apenas aos nobres. O processo burguês de produzir riqueza social não tem o feudo como base, mas o mercado, onde o capital (dinheiro) é a base. O dinheiro circula e faz mais dinheiro. O feudo não tem esse poder produtivo. Smith não esconde que a pobreza dos trabalhadores no sistema burguês continua, mas acredita que a racionalidade do mercado pode equilibrar a balança social e que, quando essa forma de produzir riqueza se generalizar, os ganhos serão de todos (Smith, 2017).

Cem anos depois, o cenário da sociedade capitalista que nascia promissor era outro. Em 1867, Marx publicou o primeiro volume da obra O *capital*, procurando entender o processo de produção e as crises geradas no capitalismo. De acordo com Piketty (2014), a miséria do proletariado industrial e o acúmulo sem limites de capital pelas mãos de uma restrita parcela da população arrancam de Marx uma de suas mais irrefutáveis teses: a teoria da acumulação capitalista – o capital tende a se concentrar, e nossos dias confirmam a sombria profecia de Marx: "De que serve o desenvolvimento industrial, de que servem todas essas inovações tecnológicas, todo esse esforço, todos esses deslocamentos populacionais se ao cabo de meio século de crescimento da indústria, a situação das massas continua tão miserável quanto antes?" (Marx citado por Piketty, 2014, p. 16).

O crescimento do capital e dos lucros era profundamente desproporcional à renda do trabalho, fenômeno este que Marx descreveu n'O *capital*, volume 1: o sistema capitalista é incapaz de equilibrar a desigualdade econômica e social, por serem inerentes à sua lógica a acumulação do capital e a consequente monopolização da economia. Do capitalismo de concorrência em Smith, "há agora um capitalismo monopolista: uma indústria passa a ser controlada por um número muito reduzido de grandes empresas que estão em condições de impor os seus preços aos consumidores. Isso tudo garantido por seus códigos jurídicos" (Nunes, 1997, p. 161-162).

Isso significa que o mercado deixou de ser o mecanismo que orienta e controla as empresas (Smith) passando a ser controlado por elas (Marx). É o receio da concorrência. As empresas individuais de capital limitado do tempo de Smith deram lugar à sociedade anônima (SA), uma empresa por ações, a sociedade capitalista por excelência. O capital deixa de ser individualmente apropriado para ser socialmente apropriado, fazendo surgir o mundo das grandes corporações (Nunes, 1997).

A visão de Marx também difere da visão de Smith quanto à divisão social do trabalho. Para Marx, essa divisão pode produzir eficiência e rapidez, mas é fundamentalmente o fator para a geração e a apropriação de riqueza. A riqueza só é gerada em uma divisão do trabalho com atividades específicas ou especializadas. Poupa-se tempo e cérebro quando a pessoa desenvolve apenas uma atividade e acelera a produção. Sem a divisão social do trabalho, dirá Smith (2017), não haverá produção de riquezas porque o trabalho não é eficiente.

Para Marx, é exatamente a divisão social do trabalho que potencializa a mercantilização da força de trabalho, ou seja, que promove a reificação (coisificação) do trabalho, a transformação do trabalho humano em mercadoria, desprovido de humanidade. Durkheim e Smith veem na divisão social do trabalho algo positivo, Marx a vê como algo negativo. Para Marx, o trabalho transformado em mercadoria é trabalho morto porque o trabalhador perde a autonomia sobre sua força de trabalho, já que esta se torna uma determinação do capital.

— 3.4 —
Mercadoria, fetiche da mercadoria e teoria do valor-trabalho

Para Marx (2011), o ponto central do capital é a mercadoria, pois ela expressa valor de uso (são as coisas úteis) e valor de troca (mercadorias que vão para o mercado para serem enriquecidas privadamente por alguém). Quem faz funcionar esse sistema são os trabalhadores que vendem várias horas por dia de sua força de trabalho e que, como vimos anteriormente, em pouco tempo conseguem produzir o valor de seu salário. As outras horas restantes da jornada são apropriadas privadamente, e esse valor excedente, a mais-valia, é o lucro que o burguês extrai do trabalho. O trabalhador se transforma em mercadoria para poder produzir mercadoria.

Na teoria do valor-trabalho, Marx (2011) mostra os mecanismos que escondem do trabalhador o processo de exploração de seu trabalho. A teoria do valor-trabalho afirma que o valor dos bens, que se expressa em seus preços, está relacionado com o tempo de trabalho necessário para produzir os bens. O valor de um bem, portanto, está contido no tempo de trabalho que o produziu. Marx demonstra, então, que a sociedade moderna não é uma sociedade entre livres e iguais. Apenas aparenta que é. O que existe é a exploração, porque existe o trabalho não pago, e isso é próprio de uma sociedade organizada pelo mercado. A mercadoria força de trabalho produz mais valor do que o valor que ela custa (salário) a quem a compra. Esse valor a mais que ela produz (lucro) é apropriado por quem é dono dos meios de produção. O valor de troca (salário por trabalho) é um valor abstrato, que oculta do trabalhador o real valor da força de trabalho. É desse contexto que Marx tira a teoria da mais-valia, que, como vimos, é o maior valor que não é pago ao trabalhador.

Para explicar esse fenômeno, Marx desenvolveu um dos mais importantes conceitos da sociologia em relação à mercadoria: a *reificação* – uma forma específica da alienação na sociedade burguesa. A alienação acontece quando o indivíduo coloca seu ser fora de si, em um objeto, mas não se reconhece naquele objeto. Acontece, por exemplo, na projeção do gênero humano nos deuses. Os deuses são projeções dos humanos, que colocam neles (deuses) suas melhores características e, depois, começam a interagir com eles, como se esses deuses fossem alguma coisa diferente deles. O ser humano não se reconhece nos deuses que ele mesmo criou (Feuerbach, 2007).

O produto de trabalho é a exteriorização do ser humano: um homem não alienado se reconhece no produto de seu trabalho. O ser humano se aliena na própria estrutura da mercadoria. Na última sessão do primeiro capítulo d'O *capital*, Marx (2011) fala do fetichismo da mercadoria, no qual se encontra a estrutura da reificação. O segredo da forma mercadoria reside no fato de que ela perde seu caráter social e passa a ter caráter de coisa.

Os indivíduos não percebem as relações que têm com os outros como relações entre indivíduos, mas como relações entre coisas, pois veem as mercadorias, mas não reconhecem o caráter social e humano nelas. No capitalismo, toda a produção se dirige ao mercado, e não a produtos com valor de uso direto – no mercado pensamos que estamos trocando coisas, quando, na verdade, estamos trocando trabalho por trabalho. Conseguimos dinheiro para comprar graças ao nosso trabalho, e compramos a mercadoria que é fruto também do trabalho. Não percebemos isso porque a mercadoria apresenta uma espécie de fetiche (feitiço).

Não passa pela nossa cabeça que, por trás do *jeans* que compramos, há um trabalhador no campo que plantou e extraiu o algodão e mais uma cadeia de outros trabalhadores, ou seja, quando vemos a mercadoria na vitrine, não pensamos nas mãos humanas que estão por trás de sua produção, é como se ela brotasse espontaneamente. Somos incapazes de perceber que o mercado nada mais é do que um conjunto de pessoas atuando em relações sociais de produção, e não um ente com vontade própria. É aqui que ocorre a desumanização do trabalho. É como se um celular feito na China não fosse feito por humanos, mas pela empresa.

O trabalhador não percebe mais que seu trabalho tem uma conexão direta com o que ele produz. O trabalhador, cuja principal atividade é o trabalho, teria de se identificar com esse trabalho. O artesão, antes da divisão social do trabalho, tem o trabalho como uma extensão de si mesmo. O que lhe vai na mente é reproduzido manualmente. Ele realiza o trabalho e se realiza nele. Faz o que lhe é útil e tem domínio de seu ofício.

Entretanto, no capitalismo, ao separar a força de trabalho do meio de produção, o trabalhador não é mais dono do fruto de seu ofício. Na fábrica, ele não é mais o dono do produto final de seu trabalho, não se identifica mais com aquela peça que acabou fazer. O trabalhador está preso em uma linha de montagem sem entender o sentido daquilo. Cada um faz uma parte do todo e nenhum deles se identifica com o produto final lá na frente. O trabalho se torna alienado, desumanizado: esse é o fetichismo da mercadoria. O trabalhador perde a dimensão humana da mercadoria, e esta não é mais percebida como produção dos seres humanos.

Sem falar nas mercadorias que são produzidas por trabalhadores em condições análogas à escravidão, violando a condição humana. Trabalham porque precisam sobreviver. O que produzem é algo apartado do ser humano em condições que o desumanizam.

Trabalhamos para consumir e sermos consumidos pelo mercado. As próprias pessoas são transformadas em mercadoria, são intercambiáveis entre si pela sua força de trabalho, que passa a ter um valor econômico. É claro que o consumo sempre existiu, mas, no capitalismo, ele se torna central.

O capitalismo é dotado de mecanismos ideológicos que buscam ocultar os antagonismos, a fetichização da sociedade e as contradições inerentes ao capitalismo. Esse mecanismo chamado de *mercantilização* ocorre somente no capitalismo, em um processo de ação sobre a força de trabalho, que, por sua vez, virou uma mercadoria que tem como finalidade o mercado. Tornou-se um produto a ser vendido e comprado. A força de trabalho se transformou em uma mercadoria muito especial, visto que ela não pode ser vendida nem comprada em separado de seus portadores (Bauman, 2008).

A força de trabalho, para existir como valor, ou seja, como algo produtivo, deve ser vendida. Eis a única forma do trabalho se transformar em valor. A mercadoria cristaliza o trabalho não pago, a mais-valia, que é a quantidade de valor que não é repassado ao trabalhador no processo de venda de sua força de trabalho. É, portanto, na mais-valia que o capital se reproduz. O trabalhador entende que seu trabalho é pago pelo salário, mas ele não entende que o salário oculta a mais-valia.

O salário é uma ideologia que oculta esse mecanismo de exploração dentro do capitalismo. Essa é a contradição estrutural do capitalismo, ou seja, o capital se reproduz quando a burguesia explora o proletariado por meio de um processo de mercantilização que oculta a mais-valia. É essa mercantilização que Marx explica por meio da teoria do valor. Para Marx, o valor só se materializa no processo de troca entre mercadorias. A troca seria o mecanismo pelo qual os indivíduos se tornam parte de uma escala social de produção e assumem seu respectivo valor nessa escala social de produção. Portanto, ser dono do meio de produção ou ser dono da força de trabalho são características que estão muito além das coisas que os indivíduos querem, ou escolhem.

Isso aliena, separa o trabalhador de sua autodeterminação. Ele sequer tem o poder de usar a própria força de trabalho da maneira como gostaria. Não é ele quem determina o que ela produzirá, uma vez que o trabalho é não autodeterminado, é apêndice da máquina, um fragmento do processo produtivo. O trabalhador é levado a utilizar apenas uma pequena parte de suas faculdades criativas. Nunca é demais lembrar o filme clássico de Charles Chaplin em *Tempo modernos*.

Se o trabalhador não tiver para quem vender sua força de trabalho, ele passa a ser uma força inativa, uma coisa nula. Cria-se, na sociedade, uma aversão ao não trabalho, ou seja, uma aversão a qualquer força de trabalho que não gere produção de capital, que não gere uma atividade que esteja ligada à lógica do próprio capital.

Por fim, para encerrar este tópico, vale a reflexão sobre a necessidade ainda contemporânea de pensarmos a força do trabalho. Em 2015, em entrevista para o documentário *Human* (disponível em *sites* de compartilhamento de vídeos), o ex-presidente uruguaio José Mujica fez uma explanação sobre o tempo de vida e a sociedade do consumo/fetichismo. Para ele,

> Inventamos uma montanha de consumos supérfluos. Compra-se e descarta-se. Mas o que se gasta é tempo de vida. Quando compro algo, ou você compra, não pagamos com dinheiro, pagamos com o tempo de vida que tivemos de gastar para ter aquele dinheiro. Mas tem um detalhe: tudo se compra, menos a vida. A vida se gasta. E é lamentável desperdiçar a vida para perder liberdade. (Entrevista..., 2015)

É interessante analisarmos a forma como a sociologia e o pensamento marxista perduram, ainda hoje, mantendo-se como bases formadoras de novos pensadores, sociólogos e, até mesmo, líderes mundiais de tendência socialista, de José Mujica na América-Latina a Bernie Sanders na América do Norte. Neste momento, é necessário frisar, porém, que marxismo não é sinônimo de comunismo. Marx não inventou o comunismo, esse ideal político já circulava entre os meios operários europeus, no entanto, nunca foi realizado, permanecendo apenas como utopia para muitas pessoas. No *Manifesto comunista*, o que Marx faz, junto a Engels, é descrever essas ideias e tecer uma definição para o comunismo.

— 3.4.1 —
Doutrinas socialistas e o direito burguês

Marx fez graduação em direito, doutorado em filosofia e dedicou-se a analisar profundamente Hegel, filosófico que estudava o direito e um dos maiores nomes da filosofia alemã até os tempos atuais. Em seu livro *Princípios da filosofia do direito*, escrito em 1820, Hegel (1997) postulou sua base metodológica, dizendo que o real é igual ao racional, e foi a partir daí que Marx fez sua grande crítica ao direito de Hegel.

Hegel, já no início do século XIX, afirmou que o Estado (burguês) é a razão, e todas as relações sociais devem ter esse Estado como árbitro. Tal afirmação favorecia os pensadores burgueses que, até então, faziam pesadas críticas ao Estado absoluto. A burguesia lutava, portanto, pelo fim de um Estado absolutista, que a nada nem a ninguém se sujeitava, a não ser às normas políticas advindas dele próprio. Os reis, que encarnavam esse Estado, acreditavam, por sua vez, que o poder deles vinha de Deus.

O pensamento liberal burguês dizia, então, que a razão e a justiça não eram o Estado. A razão estava na cabeça das pessoas, na subjetividade delas, ou seja, a razão era individual. Assim, racionalmente pensando, as pessoas sabiam o que era justiça, e a justiça não era o Estado. O absolutismo, a Igreja e o sistema feudal estamental eram desprovidos de razão.

Isso tudo era, na verdade, o prelúdio para o estabelecimento da razão burguesa. A razão burguesa defendia princípios e direitos universais que, de acordo com seus postulados, eram os da propriedade privada, da liberdade de contrato, da igualdade jurídica e da autonomia da vontade. Está claro que eles faziam a defesa de seus próprios valores.

Foi Kant (1724-1804), filósofo burguês dessa época, quem disse que a razão está no sujeito e que este é o principal responsável pela elaboração do processo de conhecimento. O justo está na medida de cada indivíduo.

Significa o mesmo que direito natural, ou jusnaturalismo. Uma lei justa, para Kant, é uma lei boa para todos, sem exceção. Se todos pensarem racionalmente, todos chegarão a uma lei justa, ou à paz perpétua. Eis o **imperativo categórico**[1] de Kant (1980): se todos fizerem uso da razão, chegarão ao mesmo consenso sobre qual lei é justa. Esta, então, será a boa lei, que não é a lei que vem do Estado, mas a lei que todos os indivíduos acordaram fazendo uso de sua razão. Para Kant, então, existe um direito natural, ou jusnaturalismo, que está na razão dos indivíduos. Se é pensado racionalmente por todos, logo, todos hão de concordar. O jusnaturalismo, porém, opõe-se ao direito positivo, ou juspositivismo, defendido por Hegel.

---

1 De acordo com Kant, o princípio que todos deveriam utilizar para orientar o comportamento moral deveria ser o imperativo categórico, um modo racional de simplificar a moralidade das condutas individuais. Seria um sistema onde todos decidiriam, de forma igual, o certo e o errado. Para isso, é necessário existir apenas um imperativo categórico. Para se atingir essa condição de universalidade moral (a lei universal), todos deveriam decidir e agir da forma como gostariam que os outros agissem. Se todos tomassem decisões com base no imperativo categórico, chegar-se-ia a uma sociedade formada por pessoas felizes e iguais. O que Kant almejava era oferecer uma base racional para as escolhas morais (Kant, 1980).

Antes de Hegel, convinha à burguesia evocar Kant contra o Estado. No entanto, após as revoluções liberais, quando a burguesia tomou o poder no Estado, ela virou as costas para Kant e se voltou para Hegel, ou seja, a razão não estava mais no indivíduo, mas era o próprio Estado o lugar da razão burguesa. Eis o Estado racional burguês, o único lugar onde é permitido fazer política. É até possível criticar o Estado, desde que dentro da institucionalidade que o Estado delimitou. Hegel (1997, p. 217) entroniza no Estado o direito positivo: "o Estado é a razão em si e para si".

A crítica de Marx a Hegel se verifica a partir do direito positivo, que significa direito posto/imposto por alguém, que se coloca como se fosse racional e neutro, acima dos indivíduos. Kant também criticava o direito positivo porque, em seu tempo, os Estados eram do domínio absoluto dos reis, sujeitando tudo e todos aos ditames das leis positivas que emanavam das vontades reais, impondo limites à liberdade de negócios da burguesia (Marx, 2010).

Para o pensamento burguês da época, as leis positivas não advinham da razão, mas da vontade dos reis e, por isso, eram injustas. E se o Estado nunca estava em consonância com a razão burguesa, racional não era. Contudo, em vez de acabar com o Estado como postulava, a burguesia em revolução tomou o Estado para si. E o direito que até então era natural, dentro de cada indivíduo, passou a ser escrito e imposto pelo Estado, não mais absolutista, mas burguês.

Em 1804, Napoleão decretou o Código Civil Francês, colocando em prática os interesses burgueses, como a defesa da propriedade, da liberdade do livre contrato pela autonomia da vontade e da igualdade de todos, mas apenas perante a lei. Não era a defesa da igualdade de condições para todos na sociedade. A propriedade de um indivíduo era dele contra todos os demais. Na linguagem jurídica, esse princípio costuma ser chamado *erga omnes*.

Para Hegel (1997), o Estado é a produção mais importante da razão, fruto da humanidade que evolui. Hegel deu à burguesia um Estado que lhe garantia firmar contratos de negócios, mas também um Estado que encarcerava, que não prestava conta das suas razões e legitimações a ninguém, apenas para si.

Marx aponta o erro estrutural de Hegel: o Estado não é A Razão. É a razão burguesa, mas não A Razão. A crítica de Marx foi o rompimento com Hegel e o idealismo alemão, e ele passou a estudar a anatomia do Estado burguês e da sociabilidade capitalista. O materialismo histórico-dialético é o instrumento com o qual Marx chegou ao que, em sua visão, foi o início de todos os problemas da humanidade: a divisão da sociedade em classes sociais. Estabelecer como as classes são formadas, divididas e estruturadas passou ser a grande tarefa de Marx.

Segundo Hegel (1997), o Estado é justo e, quando o pensador afirma que tudo o que é real é racional e tudo o que é racional é real, quer produzir uma identificação entre realidade e razão. Essa identificação implica o absoluto como conhecimento, ou seja, é possível não só conhecer a totalidade, mas também justificar essa totalidade. Para o teórico, a razão é histórica, e reconstituir a trajetória humana é perfazer o percurso do espírito absoluto (Ideia) em direção de sua realização, ou seja, são as ideias que guiam os seres humanos.

Para Marx, não é o idealismo, mas sim o materialismo (o concreto) que molda os fatos ao longo da história, como veremos em breve. Importa, para o teórico, saber em que condições de existência a riqueza é produzida e distribuída na sociedade, e, certamente, não se chegará a uma resposta pelas ideias ou pelo espírito. Questões materiais, terrenas, não são resultados *a posteriori* do que os seres humanos pensaram, antes constituem o *a priori* do pensamento.

Compreender a forma como as classes se estruturam é compreender a verdade da classe expressa no direito, no Estado. A verdade não está no Estado nem na religião. Sobre a religião, Marx diz ser ela a teoria geral deste mundo, seu compêndio enciclopédico, sua lógica em forma popular.

> Ela é a realização fantástica da essência humana, porque a essência humana não possui uma realidade verdadeira. Por conseguinte, a luta contra a religião é, indiretamente, contra aquele mundo cujo aroma espiritual é a religião. A miséria religiosa constitui ao mesmo tempo a expressão da miséria real e o protesto contra a miséria real. A religião é o suspiro da criatura oprimida, o ânimo de um mundo sem coração, assim como o espírito de estados de coisas embrutecidos. Ela é o ópio do povo. (Marx, 2010, p. 145)

Diz ainda Marx que a religião é o ópio do povo, mas não cura sua doença. Nem o Estado nem a religião curam a miséria provocada pela desigualdade social. Quem cura é a luta das classes. Do sofrimento da classe explorada sairá a libertação. O Estado que se diz democrata e racional não dá o que promete. O Estado burguês não tem condições de dar liberdade, igualdade e fraternidade. A classe proletária tem.

Os indivíduos pensam que são livres no capitalismo porque não trabalham forçados como no escravismo e no servilismo, diz Marx. No capitalismo, os seres humanos são livres para contratar e ser contratados, mas Marx quer ir além disso. Para ele, não existe a razão universalista kantiana nem a razão estatalista hegeliana. A razão que existe é a que permite que a classe A explore a classe B. Marx orienta seu pensamento para a superação dessa forma jurídica por outra forma de sociabilização de vida econômica que permita que a classe trabalhadora seja diretamente responsável pela produção e pela distribuição da riqueza.

Ao fazer a crítica do liberalismo jurídico e econômico, Marx o situa no campo da história e da política. O teórico vai mostrar que todo o discurso jurídico é sempre um discurso ideológico procurando legitimidade. Como toda a ideologia, o direito forja uma visão distorcida da realidade, mais do que isso, o direito constitui relações subjetivas, em que indivíduos se tornam sujeitos de direito e portadores de liberdade e igualdade.

A afirmação "somos indivíduos livres e iguais" é claramente uma ideologia. A relação jurídica é uma relação política, que é uma relação de poder. O direito pode ser entendido algo pautado pelos parâmetros da liberdade e da igualdade, fundamentos históricos colocados pelas revoluções liberais, mas o direito também é um processo de subjetivação a partir do momento em que ele se coloca contra o discurso em prol dessa mesma liberdade e igualdade.

O jurista marxista Roberto Lyra Filho (1995, p. 8), em seu livro *O que é direito*, observa que "a lei sempre emana do Estado e permanece, em última análise, ligada à classe dominante, pois o Estado, como sistema político que rege a sociedade, fica sob o controle daqueles que comandam o processo econômico".

Quais os limites de uma transformação social cujo ponto principal é uma reivindicação por mais direitos? É ter mais liberdade para a realização da troca mercantil? Para vender sua força de trabalho? É ingressar no mercado de consumo? O que significa o direito para aqueles que querem uma sociedade mais justa, sem as opressões e sem a exploração, que é o pilar fundamental destas?

> Não se pode afirmar, ingenuamente, que toda a legislação seja Direito autêntico, legítimo e indiscutível. A legislação abrange, sempre, em maior ou menor grau, Direito e Antidireito: isto é, Direito propriamente dito, reto e correto, e negação do Direito, entortado pelos interesses de classe e caprichos continuístas do poder estabelecido. (Lyra Filho, 1995, p. 8)

Lutar por mais direitos é pensar quais são os limites do direito, os limites do jurídico. No mundo real, são as forças reais de poder, que, com seus interesses concretos, fazem valer sua superioridade econômica nas esferas política e jurídica. O Estado liberal abriga o direito burguês para que este dê a garantia e a segurança jurídica, a fim de que o livre mercado funcione livremente. No jogo desigual entre trabalhador e capitalista, o direito cria uma comunicação entre legislador e legislado em que a hierarquia é o padrão dominante e subordina o trabalhador. Assim, a eficácia jurídica "depende da internalização dos valores de obediência, as leis são revestidas da aparente neutralidade, o que é possível graças à perversão ideológica que dissimula as funções diretivas, operativas e fabuladoras da norma, sob a máscara de suas funções informativas" (Faria, 1988, p. 28).

O direito se reduz, assim, a um apanhado de normas que se destina apenas a dar sentido jurídico aos interesses à medida que estes se normatizam no sistema jurídico vigente. Marx deixou condições para que juristas, filósofos, sociólogos e politólogos alargassem a visão dialética do foco do direito, alcançando as pressões coletivas e as normas não estatais das classes oprimidas.

Lyra Filho (1995, p. 10) ressalta que "o direito autêntico indica os princípios e normas libertadores, não podendo por isso ser isolado em campos de concentração legislativa. A lei seria um simples acidente no processo jurídico, e que pode ou não, transportar as melhores conquistas". Isso depende, claro, da forma do Estado – autoritário ou democrático –, se está a serviço da exploração da classe trabalhadora ou se pende à justiça social efetiva.

Sob o enfoque do socialismo "a dignidade é impossível sem a libertação econômica, mas a libertação econômica é impossível também se desaparece a causa dos Direitos Humanos" (Bloch citado por Lyra Filho, 1995, p. 11). Eis a necessidade de uma revisão crítica nas legislações. Se não somos totalmente determinados, mas condicionados, podemos superar as estruturas jurídicas que perpetuam a desigualdade, e a melhor forma de efetuarmos isso é desenvolvermos a consciência de classe, percebermos que algo não deu certo no sistema capitalista, pois a riqueza que o trabalhador produz não condiz com a cota que lhe cabe a título de salário. "Na realidade, o direito usado para dominação e injustiça é um direito ilegítimo, um falso direito" (Dallari citado por Lyra Filho, 1995, p. 24). Eis o caminho para o entendimento do direito sob o ponto de vista dialético.

É inegável o caráter pedagógico no pensamento de Marx e Engels quanto ao despertar da consciência de classe para o entendimento de que somos nós mesmos os responsáveis pela história. As coisas não são como são por um querer divino ou uma força natural. A realidade entendida sem o véu ideológico que oculta a dominação de classe é o primeiro passo da luta por uma sociedade mais justa e igualitária. É por isso que há forças tão ofensivas contra pensadores que conscientizam o trabalhador de sua real condição.

Mesmo que um operário venha a ser burguês, ele sempre vai precisar do aparato que só a classe operária é capaz de dar. Subir para a posição de burguês significa apenas uma mudança individual, e não social. Se o proletariado destrói a burguesia, as duas classes deixam de existir: a burguesia, que só existe em função da exploração do proletariado, e o proletariado, que só existe na condição de classe explorada. A tese é o capitalismo. A antítese é a negação do capitalismo.

A emancipação da classe trabalhadora é um processo histórico muito longo. Começa no século XIX com as associações de trabalhadores, passando a evoluir para sindicatos, até chegar na formação de partido. O proletariado é uma classe política. A transformação de uma consciência de classe em si (enquanto classe) para uma consciência de classe para si (emancipação), significa a união para assumir seu papel de transformação política da história, superando sua condição de classe explorada.

Construída a consciência de classe, Marx aponta para a necessidade de uma luta armada. Explicamos: como a burguesia controla o Estado, e o Estado tem o monopólio do uso da força, qualquer tipo de negociação com o Estado que venha a ferir algum interesse fundamental da burguesia seria imediatamente reprimida como uso da violência sobre os trabalhadores. A greve era caso de polícia, e o grevista, um bandido, ou seja, não há o que negociar com o Estado burguês.

O marxismo é um pensamento internacionalista, daí a famosa frase: "Proletários do mundo: uni-vos". Portanto, uma das ideologias mais prejudiciais à formação de uma consciência de classe do proletariado e que deve ser combatida é o nacionalismo, ou seja, não existe o trabalhador francês, o inglês, o brasileiro. Existe o trabalhador.

No socialismo, o Estado, sendo o dono dos meios de produção, daria início a um processo de produção sem exploração. Marx previa, ainda, aquela que talvez seja a maior utopia humana, aquela que levaria os seres humanos ao comunismo, o momento em que todos teriam compreendido que a existência humana não se pauta na exploração de humanos sobre humanos, mas em relações de cooperação: produção sem exploração em liberdade plena. O comunismo seria o fim do Estado. Na dialética da luta de classes, a tese capitalista seria derrubada pela sua antítese, e o socialismo e o comunismo seriam sua síntese.

— 3.5 —
Dialética idealista hegeliana e teoria materialista

Sem Hegel e sem Feuerbach, Marx não seria, em grande parte, o teórico do materialismo histórico que foi. Grandes teóricos do marxismo são unânimes em dizer que não é possível compreender plenamente *O capital*, obra central de Marx, sem ter compreendido a lógica de Hegel.

Para efeitos dos nossos estudos nesta obra, o foco aqui não será explicar tudo sobre a complexa filosofia de Hegel, mas esclarecer o que é a dialética hegeliana.

A teoria do materialismo histórico marca o rompimento de Marx com a filosofia idealista hegeliana. Hegel (2014) é considerado o pai da dialética moderna e, em seu livro A *fenomenologia do espírito* (1807), explica o desenrolar da consciência por meio da história. E é nesse sentido que sua dialética é essencialmente histórica.

Sua teoria está muito distante do idealismo platônico, no qual o mundo é dividido em duas partes. O mundo material, das coisas sensíveis, fugazes, transitórias, não é o mundo real para Platão, pois tudo o que percebemos pelos sentidos é ilusório. Para ele, o mundo real só é acessível pelas ideias ou pela razão – é o mundo das ideias perfeitas, eternas e, portanto, do que não perece. Para Platão, o mundo material é uma cópia imperfeita do mundo das ideias.

Ao mesmo tempo, a dialética de Hegel está distante da dialética heraclitiana. Nesse ponto, vale mencionarmos que o grego pré-socrático Heráclito é considerado o pai da dialética como outra forma de pensar. Segundo a dialética de Heráclito, todas as coisas estão em constante movimento, em um fluxo perpétuo, em que nada permanece estático e igual. Ele compara os seres em movimento com a corrente de um rio, afirmando que nenhum ser pode banhar-se duas vezes em um mesmo rio, pois tanto o ser quanto o rio já não são mais os mesmos nos instantes que se seguem.

Marx, por sua vez, afirmou que o método dialético não só foi descoberto por Hegel, mas também foi mistificado por ele.

Em Hegel (1997), as instituições perdem o caráter absoluto (eterno) e são transformadas ou percebidas em processos, em seu "vir a ser", ou seja, transformadas historicamente. Para o teórico, é a consciência que desenvolve suas experiências a partir dela mesma, até chegar em um saber absoluto (razão plena). Marx e Engels fazem a crítica estrutural do capitalismo rebatendo Hegel e expondo os mecanismos de funcionamento do capitalismo para expor os mecanismos de exploração que estão ocultos.

Os autores fizeram a crítica do idealismo no livro *Ideologia alemã* (1993), escrito em 1846. A corrente de pensamento idealista parte do pressuposto de que são as ideias formuladas pela razão que se manifestam sobre a realidade, ou seja, são as ideias que condicionam a realidade. O que pensamos determina a realidade de forma absoluta ou relativa. É nesse livro que está a muito citada 11ª *tese contra Feuerbach*, que diz que "os filósofos se limitaram a interpretar o mundo, resta agora, transformá-lo" (Marx; Engels, 1993, p. 97).

Para explicar melhor esse último ponto, vale mencionar que Ludwig Feuerbach foi um filósofo alemão do século XIX, aluno de Hegel, e depois um crítico contumaz do "espírito absoluto" de Hegel. Feuerbach foi um dos primeiros grandes pensadores materialistas e um grande crítico da religião, mais especificamente do cristianismo. O filósofo queria reduzir a teologia à antropologia, afirmando que tudo o que a teologia (Teo) era poderia ser reduzido ao homem (Antropos), ou seja, era obra humana, e não divina. Em seu livro A *essência do cristianismo* (2007), sua filosofia se volta ao desenvolvimento do ser humano, sem opressão e sem pobreza, mas, diferentemente do cristianismo, seria aqui e agora, no mundo, e não uma vida boa no além. Marx utilizou do materialismo de Feuerbach e da dialética de Hegel para criar o próprio instrumental de apreensão do mundo: o materialismo histórico-dialético.

— 3.5.1 —
Teoria do materialismo histórico-dialético

Por meio do materialismo histórico-dialético, Marx e Engels (1993) produziram um conhecimento não apenas para a compreensão da humanidade, mas também para a práxis, ou seja, a ação transformadora do ser humano na sociedade. A necessidade de transformar a realidade vem *a priori*, e a ideia formada a partir da necessidade vem *a posteriori*. A práxis se desenvolve na análise da realidade, entendendo-a e descobrindo as ideias que encobrem as contradições e impedem o entendimento claro das coisas. A realidade concreta precisa ser desnudada, pensada, para que as condições de a transformar surjam.

Essa é a forma de pensar a realidade que Marx e Engels (1993) chamam de *materialismo histórico*. É a análise do progresso histórico real não com base nas ideias, mas na organização das forças produtivas, ou seja, na economia, nas formas como os grupos humanos se organizavam para sua sobrevivência material, que é a primeira demanda humana, a necessidade imediata. Para os pensadores, as ideias são reflexo das necessidades humanas, e não o contrário.

A função do método dialético é, portanto, a de compreender a realidade a partir da existência dos seres humanos concretos, de acordo com o contexto histórico das relações materiais de existência. A palavra *materialismo* é utilizada de forma a esclarecer que a história da humanidade é a história de sua produção material, das coisas concretas de que ela precisa para sobreviver. Não é, portanto, o desejo por coisas materiais.

A economia é, para Marx, a forma como organizamos a produção e a reprodução material de nossa sociedade – a infraestrutura, que está na base da sociedade. É a partir dela que outras estruturas se desenvolvem. Assim, interessa para Marx a vida real das pessoas, seus conflitos pela sobrevivência e os antagonismos manifestados na oposição entre as classes, particularmente as classes que se estabeleceram depois do capitalismo: de um lado, trabalhadores (proletários/operários); de outro, patrões (burgueses/capitalistas). A teoria materialista da história parte da tese de que a produção (economia) é a base de toda a ordem social:

> Ao longo da história, a distribuição dos produtos, a divisão da sociedade em classes, o modo de produção e as revoluções políticas são determinadas não pelas ideias que os homens fazem da verdade eterna ou da verdadeira justiça, mas nas

transformações operadas no modo de produção e de troca. Isso não está na filosofia, mas na economia da época de que se trata. (Engels, 2017, p. 28)

O método materialista histórico concebe o mundo de maneira dialética. Esta já aparece na antiga filosofia grega, mas ainda de forma rudimentar, para acessar o conhecimento da realidade. Sua premissa expressada por Heráclito é o prenúncio de uma visão de mundo libertadora: "um mesmo homem não pode banhar-se duas vezes no mesmo rio". Tudo no mundo é um fluxo permanente, tudo está em constante devir e nada permanece idêntico a si mesmo, tudo está em eterna transformação, como o rio, o ser humano e todas as coisas. Contudo, o essencialismo e o idealismo são as tradições dominantes dessa filosofia, de modo que a essência é o verdadeiro ser das coisas, ou seja, as coisas possuem substâncias imutáveis – essência –, que nem mesmo o movimento e a mudança a afetariam. Algo não material precedia a matéria, as coisas.

A visão essencialista foi rompida pela moderna filosofia alemã, com Hegel, que colocou a contradição como a própria substância da realidade, a qual se supera em um processo contínuo de tese, antítese e síntese. Todavia, a dialética hegeliana, se nega o essencialismo, é, ela mesma, idealista. Para Hegel, o ponto de partida é a ideia (tese) que pode ser contestada pela antítese, isto é, por meio de uma ideia contrária. Dessa disputa, sairia a ideia síntese. Na lógica da dialética hegeliana, o resultado da discussão entre duas ideias antagônicas geraria uma ideia aperfeiçoada.

Marx percorreu um caminho inverso ao de Hegel. Para ele, o movimento do pensamento não se origina da ideia, ou seja, não é a ideia que cria a realidade; é a própria realidade concreta que induz os seres humanos a pensar. Não existe ideia *a priori* da matéria, antes são as circunstâncias da vida material que criam as condições do pensamento: não são os deuses (não matéria) que criam os homens (matéria) às suas imagens e semelhanças, mas são os homens que criam os deuses às suas imagens e semelhanças.

As ideias são apenas o reflexo do movimento da realidade concreta. A primeira realidade concreta é a existência dos seres humanos, é a própria matéria humana. A segunda realidade não é material, mas sim histórica, isto é, as ideias que os seres humanos engendrarão para existir, os meios pelos quais satisfarão suas necessidades básicas de existência: a produção dos meios que lhes garantirá a existência é o primeiro fato histórico. É a vida que determina a consciência, e não a consciência que determina a vida. Essa é a premissa da análise marxiana da sociedade.

A luta de classes é o desdobramento histórico-dialético pela sobrevivência. A dialética é a própria realidade, um devir, através da luta dos contrários. É o motor da história. Se, para Hegel, a história da humanidade nada mais é do que a história do espírito (ideia, mentalidade), da consciência em expansão, para Marx, são os indivíduos reais lutando pelas condições de existência.

Marx descobriu que a anatomia da sociedade civil se encontra na economia política, ou seja, não adianta fazer a crítica do Estado, da política e do direito sem antes rastrear onde começa a ideia estruturante que permite o nascimento do Estado. Se, na dialética idealista, "eu penso, o mundo me acompanha", na dialética materialista é o mundo real criado, as condições econômicas, sociais, valorativas, ideológicas, que permitem um pensar sobre o mundo, uma consciência dele.

A dialética hegeliana não compreende a história a partir dos seres humanos concretos porque acredita na ideia ou razão absoluta, que caminha e que conduz a história de modo predeterminado. Marx, por sua vez, afirmou que são os embates entre os seres sociais que forjam os caminhos da história; eles não são previamente antecipáveis, porque a história é imprevisível.

Por meio do materialismo histórico-dialético, Marx concluiu, também, que o único ente social capaz de estabelecer a superação do mundo capitalista é a classe que sofre as "cadeias radicais": o proletariado. Para isso acontecer, é preciso ter claro que o Estado é um ente político do capital. O Estado não é neutro, mas dominado pela sociedade civil burguesa, que dispõe dos meios materiais e espirituais da riqueza, sempre ocultando que é a classe trabalhadora que cria a riqueza. Portanto, sem trabalho, não há geração de riqueza.

— 3.6 —
Infraestrutura, superestrutura e direito

Os seres humanos estão no mundo, vivem e, depois, refletem sobre as coisas que fazem. Eis o materialismo histórico. Desde os tempos mais primitivos, a história social precisa, para ser concretizada, que os indivíduos estejam vivos. É preciso, então, que haja as condições básicas, tais como comida, habitação, vestuário etc., e, para isso, a caça e a agricultura são imprescindíveis. Tudo isso é obtido por meio do trabalho, e este é feito coletivamente em comunidades, nunca individualmente. Não existe trabalho individual, tudo o que é produzido sempre tem, direta ou indiretamente, a colaboração de alguém.

Em suas relações sociais, ao produzirem sua subsistência, os seres humanos criam o que Marx chamou de *estrutura material* (infraestrutura), que é a base econômica da sociedade. É onde as relações sociais de produção se estabelecem. Sobre essa estrutura material, ergue-se outra estrutura formada pelas ideias, que, de certa forma, refletem a estrutura material econômica sobre a qual está assentada. Os fatores econômicos, base da sociedade, determinam, em última instância, a direção que determinado modo de produção vai seguir na história.

É na superestrutura que entendemos o papel da ideologia e o fenômeno da alienação em Marx. Como vimos, para o teórico, o capitalismo é dotado de mecanismos ideológicos que buscam ocultar os antagonismos, as contradições existentes dentro do próprio sistema, pois, se essas contradições forem evidenciadas, torna-se um passo importante para superação do capitalismo.

Com a teoria do materialismo histórico-dialético, Marx e Engels (1993) demonstraram que diferentes formas de economia e sociedade chegam ao seu auge, entram em esgotamento e desaparecem, dando lugar a novas formações. No entanto, seja qual for a forma econômica, são sempre o trabalho humano e as relações sociais de produção que formam a base da sociedade.

A superestrutura, onde se situam as instituições jurídico-políticas (Estado, direito, ciência, educação, filosofia, arte, religião), nada mais é do que ideologias derivadas da infraestrutura, isto é, ideias que fazem com que fatos construídos historicamente pareçam naturais. O materialismo histórico, ao analisar as classes sob uma perspectiva histórica, faz com que todas essas coisas que parecem seguir leis naturais sejam dissolvidas e ganhem um caráter dialético, de transformação, de vir a ser. Com esse método de análise, obtém-se o autoconhecimento da sociedade capitalista.

De acordo com Marx (2008, p. 30), "O modo de produção da vida material é que condiciona o processo da vida social, política e espiritual. Não é a consciência do indivíduo que determina o seu ser, mas, inversamente, é o seu ser social que determina sua consciência". É materialismo porque as ideias não têm existência independente. Por exemplo, não é a Constituição que diz sobre a propriedade privada; é a presença da propriedade privada que faz com que o legislador constituinte diga sobre ela.

O direito é consequência da infraestrutura. As ideias jurídicas partem das condições materiais em que os indivíduos se encontram. O legislador pode até escrever na Constituição sobre a função social da propriedade, porém nada vai mudar: não é a lei que muda o que está na base, é a base que determina como vai ser a lei. Não é o direito que determina as relações sociais, é a vida social que gera o direito. Isso é o materialismo, porque, para mudar a realidade social, não basta pensar diferente, fazer leis. É preciso que as condições materiais para a mudança estejam presentes para que a práxis revolucionária aconteça e mude o direito, o Estado, as leis.

Há um movimento histórico determinante (não determinista) que move dialeticamente as formações econômico-sociais. Desde as sociedades pré-capitalistas (comunismo primitivo, sociedades escravistas, sociedades feudais) e, especificamente, o modo de produção capitalista, as formas de consciência são originadas na base econômica e material da sociedade. Os seres humanos construíram não só diferentes formas econômicas nas sociedades, mas também conceitos sobre como pensar e reproduzir o movimento da realidade concreta.

A dominação de classe não se sustenta sem a superestrutura. Caso o sistema ideológico seja desvendado, há, em último caso, o uso da força coercitiva. O Estado é o instrumento da dominação.

As ideias da classe dominante são, em cada época, as ideias dominantes; isto é, a classe que é a força material dominante da sociedade é, ao mesmo tempo, sua força espiritual dominante. A classe que tem à sua disposição os meios de produção material dispõe também dos meios de produção espiritual, de modo que a ela estão submetidos aproximadamente ao mesmo tempo os pensamentos daqueles aos quais faltam os meios de produção espiritual. As ideias dominantes nada mais são que a expressão ideal das relações materiais dominantes, são as relações materiais dominantes apreendidas como ideias; portanto, são a expressão das relações que fazem de uma classe a classe dominante, são as ideias de sua dominação. (Marx; Engels, 1993, p. 72)

O materialismo histórico é muito mais do que um método puramente economicista. Tem a ver com o poder. As relações sociais são relações de poder econômico embasadas em interesses econômicos.

— 3.6.1 —
Alienação e ideologia

Outro tema no qual Marx e Engels (1993) aprofundaram seus estudos está relacionado ao fato de uma maioria aceitar uma situação de penúria. A resposta, para eles, está na forma de dominação burguesa, que não ocorre pela força física, mas pela força da ideologia, o que acaba por mascarar a luta de classes.

Não se vê luta de classes, mas dominação de classe: o oprimido concordando com o opressor.

Vale mencionar, ainda, que o termo *alienação* tem vários sentidos. No âmbito jurídico, seria tornar algo alheio a alguém, tirar algo da propriedade de alguém; a venda de um bem, alienar um bem. Na sociologia marxiana, *alienado* é o indivíduo que age não segundo seus pensamentos e sua percepção clara das coisas, mas guiado ou orientado a fazer aquilo contrário à sua vontade, sem que disso tenha percepção.

Marx e Engels (1993) empregam aqui um sentido de *desumanização* e de *injustiça* ao conectarem esse conceito (*alienação*) à exploração econômica aplicada ao trabalhador no sistema capitalista. É aqui que os estudiosos invertem a lógica da dialética hegeliana: apenas a percepção da realidade material levaria à emancipação dos seres humanos, ou seja, sai o humano como objeto e surge o humano como sujeito.

Para os pensadores, nada do que se fizer para melhorar o modo de produção capitalista resolverá os problemas que esse sistema acarreta. O capitalismo tem uma falha fundamental justamente por se pautar em um mecanismo de exploração dos seres humanos por outros seres humanos. Reformar o capitalismo é apenas ocultar a exploração, que gera a desigualdade, a pobreza, o acúmulo de riqueza.

A ideologia capitalista atuará não apenas para que as contradições não sejam compreendidas, mas para que haja a aceitação dessas contradições. O trabalho é uma categoria central na sociologia marxiana exatamente porque sem ele os homens não existiriam "Como, então, o trabalho – de condição natural para a realização do homem – chegou a tornar-se seu algoz? Como ele chegou a se transformar em uma atividade que é sofrimento, uma força que é impotência, uma procriação?" (Marx citado por Konder, 1981, p. 29).

Marx atribui isso à divisão social do trabalho, à divisão da sociedade em classes e à apropriação privada dos meios de produção. Assim, alguns homens passaram a ter condições e a explorar o trabalho de outros, impondo condições de trabalho que não eram livremente assumidas por estes (Konder, 1981). O que se configura no capitalismo é o que Marx chamou de *alienação* no sentido de *separação*. O trabalhador não é mais o dono dos meios de produção. Ele trabalha para alguém que é dono dos meios de produção, vendendo sua força de trabalho.

A partir daí, o trabalho, em vez de ser o meio de realização do indivíduo como ser humano, passa a negar e a impedir o desenvolvimento de sua natureza. "O homem, assim, é alienado de sua própria essência – que é o trabalho – pelo sistema capitalista" (Sell, 2009, p. 48). Se o ser humano se humaniza pelo trabalho, é a propriedade privada dos meios de produção que o desumaniza: o trabalho, em vez de servir ao ser humano, aliena-o.

O trabalhador se aliena em relação ao produto do trabalho – o que ele produziu não pertence a ele, pertence ao dono do meio de produção. Sequer sabe o destino daquilo que produziu, como se a mercadoria ganhasse vida própria. O trabalhador se aliena em relação ao produto de seu trabalho ao não se realizar nele. Trabalha por coerção e, mesmo que não seja por coerção, o trabalho sempre será feito sob a perspectiva do capital.

O trabalhador se aliena, também, em relação à sua própria humanidade – ao se individualizar, ele se separa de sua essência, desliga-se de seu semelhante. Sua vida só tem valor como trabalhador, mas seu trabalho não está mais a serviço de sua comunidade, da humanidade. Está a serviço do lucro. No processo de individualização, ele se aliena das relações humanas.

Marx expõe o vazio interior do trabalhador alienado; ele não é sujeito, é objeto, é uma realidade invertida de seus fundamentos. Não percebe que a riqueza que produz não lhe dá acesso aos bens sociais como saúde, educação e segurança. Internaliza como se fossem seus os valores da classe que o domina. Defende o direito da propriedade privada que não possui. Defende o capital que não possui.

Sem condições de se educar, dificilmente o trabalhador terá condições de refletir sobre o processo que coisificou as mercadorias que produz. Expressões tais como "Deus ajuda quem cedo madruga", o "trabalho dignifica o homem", "de grão em grão a galinha enche o papo" tiram do trabalhador o discernimento acerca dos mecanismos da exploração, pois ele detém apenas o entendimento ideológico da realidade, ou seja, um entendimento equivocado, distorcido da realidade. É a burguesia que precisa do proletariado para sua existência, e não o contrário. A alienação do proletariado é o mecanismo de sobrevivência do capitalismo.

— 3.7 —
Marxismo e direito na contemporaneidade

A ideia de *superação* é conteúdo permanente na obra marxiana e serve também para descrever a própria história do direito. O jusnaturalismo, o positivismo jurídico e o dogmatismo jurídico fizeram parte das estruturas jurídicas hegemônicas dos respectivos tempos e sofreram a oposição de novos entendimentos, como as leituras zetéticas, o pluralismo jurídico e os direitos humanos.

A tese do liberalismo jurídico, rejeitada pelos movimentos socialistas (socialismo jurídico), teve sua síntese (longe do que previa Marx) na socialdemocracia (ou seja, nem Estado liberal, nem Estado socialista, mas Estado do Bem-Estar Social), também chamada de *terceira via*, que é um misto de capitalismo com políticas públicas por parte do Estado que contemplem direitos sociais e trabalhistas.

Os movimentos socialistas trabalhistas não conseguiram instituir a práxis libertadora da exploração e opressão, visto que não promoveram a extinção total do direito burguês, pelo contrário, a síntese das lutas acabou por promover a conciliação entre as classes. Do ponto de vista do proletariado, a conciliação entre capital e trabalho foi uma derrota.

Por outro lado, a dimensão humanista do pensamento de Marx, presente na política de emancipação da classe trabalhadora e na capacidade de quebrar suas algemas é um dos fundamentos dos direitos humanos. Os direitos humanos resultam diretamente desses processos reais de luta, analisados pelo materialismo histórico. Juristas atuais, como Ronald Dworkin (2010) e Robert Alexy (2009), fazem a crítica do direito positivo, que, como direito do Estado, continua sendo instrumento de opressão, atuando em benefício de determinados grupos em detrimento de outros.

Em um Estado distanciado da soberania popular, não há hermenêutica capaz de promover a justiça social. Justiça é justiça social, nada mais. Para Lyra Filho (1983), os valores socialistas são frutos do humanismo dialético e só podem ser compreendidos dentro de uma teoria socialista do direito, voltada para as noções de emancipação e justiça social contra a opressão.

Uma teoria jurídica emancipatória parte do reconhecimento dos verdadeiros valores socialistas (e não burgueses) de liberdade, igualdade e fraternidade. Teorias jurídicas engajadas não devem ser consideradas incômodas, visto que teorias neutras não existem, da mesma forma que a própria ciência não é nem autônoma nem neutra. Uma teoria jurídica baseada no humanismo dialético ainda apresenta potencialidades capazes de orientar as reflexões acerca do direito contemporâneo.

Mesmo sendo pensadores do século XIX, Marx e Engels continuam sendo citados no século XXI. Vários tópicos postulados no passado são críticas atuais sobre a política, a economia e o direito, exatamente porque o presente mantém as estruturas jurídicas que sustentam o capital.

— 3.7.1 —
Teoria crítica do direito

Ao longo de sua obra, Marx não elaborou uma teoria do direito, no entanto, deixou elementos suficientes para uma crítica sobre o fenômeno jurídico, bem como as bases teóricas para a atualização de uma crítica da ideologia e da superestrutura jurídica. A crítica que Marx faz ao direito, em geral, e ao burguês, especificamente, é a crítica da dominação econômica sobre o trabalho; a crítica da dominação do capital sobre o trabalho e dos institutos jurídicos que fundamentam o processo de exploração capitalista, como temos visto até aqui.

A lei que emana do Estado é a expressão dos interesses da classe dominante, cuja índole jurídica uniformiza as relações econômicas e sociais e de ordem capitalista. O positivismo jurídico clássico, em sua linguagem formalista e sofisticada e em sua aplicação literal da lei, revela-se reducionista, pois não comporta questionamentos de ordens social e econômica quanto ao grau de desigualdade e alienação, onde poucos têm acesso aos bens sociais produzidos, e uma maioria tem no trabalho a única forma de sobrevivência, excluída que está dos direitos sociais e fundamentais, embora estes existam e sejam formalmente reconhecidos pela ordem jurídica burguesa.

Para compreendermos a ordem do capital e suas relações jurídicas, devemos ultrapassar o muro limitante das ideias positivistas e normativistas. Não se estuda o direito, a norma ou a lei, como elemento social e histórico, pelos códigos ou em si mesmo.

Uma teoria jurídica crítica deve enfocar algumas questões teóricas para que possa colocar-se como uma alternativa de análise do direito, e uma delas é ter em vista que as ideias e os conceitos jurídicos são produzidos pelas necessidades da ordem do capital, reproduzidos e aperfeiçoados pelas teorias dominantes (Pereira, 2019).

Portanto, uma análise idealista das teses jurídicas tradicionais é imprestável como abordagem de renovação. O positivismo não irá desaparecer, evidentemente, mas, nesse contexto, mostra-se limitado, pois está isolado das condições reais de existência dos seres humanos e longe da práxis social libertária da luta dos trabalhadores.

Assim, conforme ressalta Pereira (2019), uma teoria crítica deve ir além de mera interpretação da realidade jurídica; deve, sim, procurar forjar os veículos de sua transformação. Marx, se não traz diretamente uma teoria crítica do direito, contribui, no âmbito da sociologia jurídica, quando constrói a consciência de classe para uma ética nas relações humanas quanto à necessária reorganização da sociedade.

Em uma sociedade de classes, as circunstâncias da vida social são definidas pelo direito, que organiza o Estado, e na origem disso tudo está a classe dominante, que, por sua vez, organiza o direito. O direito nasce da ideologia da classe dominante como sistema normativo dotado de sanção e de coação formalizadas e institucionalizadas e que corresponde ao monopólio estatal de produção e de circulação do direito.

Embora se reconheça o papel do Estado na declaração do direito, o entendimento é que o Estado apenas o declara. Entretanto, o direito emerge, surge da sociedade e não se esgota na enunciação legal que o Estado produz, isto é, continua a haver direito além da lei, fora da lei e mesmo contra a lei. O direito está nos ditos espaços plurais, e a dialética do direito mostra que há uma contradição entre direitos, isto é, que não existe um único e exclusivo direito dos dominantes, mas um direito que ainda não conseguiu sua hegemonia e que luta para se fazer ouvir: o direito dos excluídos.

As lutas sociais vão conquistando ou transformando o direito, vide legislação burguesa *versus* direitos trabalhistas das lutas sindicais. A característica do direito é a mobilidade e não deve ser confundida com a lei, que é uma expressão estatal de determinado tipo de direito, e o direito, por sua vez, é esse processo político e social de constituição de novas conquistas e de novos avanços da sociedade.

A estratégia inspirada em Marx tem a ver com a construção de um pensamento coletivo da classe trabalhadora, possibilitando a insurgência social necessária para o processo de mudança a partir da consciência das injustiças sociais. Os direitos do homem e do cidadão, que antes eram direcionados apenas aos homens (não às mulheres) pertencentes à classe burguesa, devem ser os direitos de todos os humanos.

A luta de classes existe e existem movimentos sociais que lutam. A luta de classes tem uma importância fundamental em todos os tempos do capitalismo e consegue interferir na existência da própria sociabilidade capitalista. Entretanto, a ação principal da sociabilidade capitalista em Marx não é a luta de classes, mas a mercadoria, isto é, quando o trabalho vira mercadoria. O trabalhador é alçado a sujeito de direito pela circulação mercantil, ao mesmo tempo em que torna possível a produção capitalista. Ele é "mercadoria e proprietário de si mesmo, capaz de vender a si mesmo sob a forma da mercadoria força de trabalho mediante relação jurídica" (Pachukanis, 2017, p. 117).

Parafraseando Marx "a história do direito é a história da luta de classe", Pachukanis (2017) quer dizer que o direito é moldado pela luta de classes. Quando a classe trabalhadora está enfraquecida, sem condições de enxergar e entender sua situação e suas perspectivas de luta, ela é esmagada e perde, antes de qualquer outra coisa, direitos. Portanto, é no enfraquecimento da classe trabalhadora que o combate aos direitos sociais e ao direito do trabalho se acirram e resistem. O direito é historicamente forjado na luta. Por exemplo, enquanto o movimento feminista não se impôs, o direito não atendeu às demandas da mulher. Enquanto o movimento negro não se impôs, o direito (sim, o direito era racista) não atendeu às demandas da população negra. O direito expressa o nível das contradições escancaradas pelos movimentos sociais e de minorias.

Quando os grupos ou a classe estão engajados no processo de combate, de transformação social, o direito tende a dar conta de favorecer esses mesmos movimentos. Entretanto, Pachukanis

(2017) revela um fenômeno do direito: na sociedade capitalista, quando classes, movimentos sociais e minorias pleiteiam seus interesses, fazem-no mediante institutos jurídicos. Nesse sentido, Pachukanis (2017) diz que essa liberdade de dispor da propriedade capitalista é impensável sem a presença de indivíduos desprovidos de propriedade, ou seja, de proletários:

> A forma jurídica não está de modo nenhum em contradição com a expropriação de um grande número de cidadãos. Isso porque a capacidade de ser sujeito de direito é uma capacidade puramente formal. Ela qualifica todas as pessoas como igualmente "dignas" de ser proprietárias, mas por nenhum meio faz delas proprietárias. (Pachukanis, 2017, p. 132-133)

Marx (2010) já dizia que a propriedade capitalista assume a forma imutável do direito e que o direito do mais forte também é um direito. Assim, a propriedade burguesa se transforma em um direito absoluto, inalienável, cercada por todos os lados, protegida no mundo inteiro pela lei, pela polícia e pelos tribunais.

A prova disso é que a classe trabalhadora configura a maioria da população em qualquer país do mundo e, no entanto, ela não toma o poder fisicamente, tamanha é a solidez da estrutura da sociedade capitalista. As pessoas estão permeadas por institutos jurídico-políticos estatais. O povo não toma o poder porque acredita que o poder está localizado no Estado. Não entende que o Estado também tem a mesma estruturação construída nas próprias relações com o capitalismo.

As pessoas dissociam capitalismo e Estado e costumam se irar contra o Estado, nunca pondo em xeque a exploração econômica. Revoltam-se contra os políticos e contra o Estado, mas nunca contra o capitalismo, porque a forma político-jurídica estatal se impõe. Assim, quando a classe trabalhadora luta por melhores condições de vida, não busca lutar contra o capitalismo, busca lutar por mais direitos – luta-se dentro da estruturação do capitalismo. No fundamental, o direito é instrumento pelo qual o capital é do capitalista, e ao trabalhador só resta vender sua força do trabalho. Para se chegar ao socialismo, é necessário ir além da própria forma jurídica, porque, por direito, somos obrigados a respeitar o capital do capitalista (Pachukanis, 2017).

Pachukanis (2017) é um pensador marxista relevante não só para o direito, mas também para aquele que se preocupa com as condições sociais na sociedade capitalista. Nos anos 1920, contribuiu para o campo jurídico com uma reflexão central e atual: a forma jurídica deriva da forma mercadoria. Marx já havia dito que a mercadoria é o ponto central do capitalismo, e que a força de trabalho é a mais importante das mercadorias, por ser a única mercadoria que produz mercadoria. No capitalismo, a mercadoria força de trabalho que o trabalhador vende ganha a forma assalariada. Pachukanis (2017) explica como essa relação ocorre no campo da política, do Estado e do direito.

O trabalhador que vende sua força de trabalho deixa de ser sujeitado da forma como era na relação senhor/escravo ou na relação nobre/servo e passa a ser sujeitado pelo direito. O sujeito aqui não significa mais sujeição a alguém, mas um sujeito de direito. O trabalhador tem, agora, direito a salário, ou seja, o trabalho é explorado de modo assalariado (Pachukanis, 2017).

O Estado contemporâneo e a forma jurídica se estruturam a partir das relações sociais capitalistas, tanto que jamais colocaram em risco a exploração econômica. A forma jurídica estatal se impõe necessariamente a partir do capitalismo, e a classe trabalhadora busca melhores condições de vida, mas não visa suplantar o capitalismo que o explora. No Brasil, os direitos trabalhistas foram conquistados sem questionar a exploração capitalista, e essas conquistas foram concessões dentro da ordem jurídica que sempre garante que o capital é do capitalista e que a força de trabalho é do trabalhador.

Não haverá, de fato, a igualdade de todos perante a lei enquanto a norma jurídica for enraizada nas relações sociais capitalistas de exploração do trabalho. No capitalismo, o trabalhador não é levado à força ao trabalho, ele assina um contrato se voluntariando. O vínculo não é a força, é jurídico e, portanto, é a estruturação jurídica estatal que mantém o capitalismo. Trabalhadores e capitalistas são livres para firmar contratos, fazendo crer que, no capitalismo, foram abolidas as relações escravagistas ou servis. Na sociedade burguesa, o indivíduo, na autonomia de sua vontade, vende sua força de trabalho para quem quiser, e o capitalista é livre para contratar ou não.

Para Pachukanis (2017), não existe alternativa de socialismo jurídico enquanto os direitos forem reivindicações previstas dentro das fronteiras do próprio capitalismo. O autor ainda constata que a gestão socialista da sociedade é uma estruturação para além do direito e do Estado e uma desestruturação da subjetividade jurídica que mantém indivíduos explorando outros indivíduos. A moral, o direito e o Estado são formas da sociedade burguesa. Se o direito está comprometido com o capitalismo, não está comprometido com a justiça.

Capítulo 4

Max Weber (1864-1920)

Max Weber nasceu em Erfurt, Alemanha. Filho de jurista e político, Weber, a exemplo dos grandes clássicos, teve múltiplas formações acadêmicas. Foi graduado e doutor em direito, historiador e economista, o que o ajudou na construção da análise social que o transformaria em um brilhante sociólogo. Weber foi um socialdemocrata e um dos principais responsáveis pela Constituição de Weimar, na Alemanha, uma recém-República democrática, com eleições para presidente e Poder Legislativo, em substituição à monarquia, que estava então sob o controle do imperador Guilherme II.

A sociologia weberiana desenvolveu-se a partir da preocupação do próprio Weber com a Alemanha como Estado-nação e de como esta poderia desempenhar importantes relações com outras nações. O que era um interesse particular de Weber tornou-se uma questão geral de entendimento da sociedade.

— 4.1 —
Sociologia weberiana

A Constituição de Weimar, juntamente à do México, foi das primeiras cartas constitucionais do mundo a incluir direitos sociais, tais como as leis protetoras do trabalho, direito à educação, liberdade de expressão e de religião, além de outros direitos fundamentais, dando início ao que ficou conhecido como *constitucionalismo social*.

Weber contribui de forma relevante, também, para que a sociologia fosse estudada juntamente às áreas de economia e história, desenvolvendo, assim, uma multiplicidade de conceitos considerados clássicos até os dias de hoje. Para ele, a sociologia tinha de ser ciência econômica e social. A sociologia de Weber buscou preencher importantes lacunas na produção marxista, que via os fenômenos econômicos decisivamente determinantes sem dar ênfase a outras manifestações, tais como a religião, a arte, a ideologia etc.

Embora Weber reconheça em Marx um pensador decisivo de seu tempo, é evidente que há oposições entre os dois. Weber critica muitos aspectos do marxismo. Para começar, ele foi um nacionalista alemão adversário do socialismo, ao passo que Marx foi socialista. No entanto, embora essas oposições no campo político sejam muito evidentes ao longo de sua obra, há algumas convergências. Weber, mesmo se opondo ao socialismo, reconheceu na obra *Manifesto do partido comunista*, de Marx e Engels, uma grande importância científica (Quintaneiro, Oliveira; Barbosa, 1995).

Mesmo não tendo o mesmo diagnóstico de Marx, Weber considerou que o capitalismo é um sistema total, que domina a vida dos indivíduos e que impõe de forma coercitiva suas leis impessoais, encerrando os indivíduos em uma "jaula de aço", para usar uma expressão do próprio pensador. Mesmo do ponto de vista liberal, ele fez uma crítica muito contundente ao capitalismo, no sentido de que não há como ter nem democracia nem liberdade nesse sistema econômico de dominação. Marx e Weber compartilham o interesse pela análise do capitalismo, concordando com o fato de que este é um sistema de escravidão sem mestre, impessoal.

> Marx e Weber compartilham uma visão do capitalismo moderno como universo em que os indivíduos são dirigidos por abstrações em que relações impessoais e "coisificadas" substituem relações pessoais de dependência e em que a acumulação do capital se torna um fim em si, amplamente irracional. Além disso, ambos estão de acordo quando a) definem as classes sociais por posições de poder sobre o mercado e por uma situação de propriedade; b) consideram o Estado nacional/burocrático uma condição necessária do capitalismo – e vice-versa; c) afirmam que o monopólio da violência é a essência do poder do Estado. (Löwy, 2014, p. 18)

Para Weber, os indivíduos estavam fadados ao sistema capitalista. Para Marx, "o martelo", símbolo do operário na fábrica, quebraria as grades da jaula do sistema (Löwy, 2014). Weber não negava que a economia tivesse um peso grande sobre outros fatores, porém, não como único determinante. O teórico entendia que a economia, além de influenciar, sofre influências, no sentido de que a vida dos indivíduos continua sendo comandada pela satisfação de suas necessidades materiais, o que faz surgir a economia, que, por sua vez, vai ser influenciada pela ordem política, que é influenciada pela ordem social, que é influenciada pela ordem religiosa e assim sucessivamente.

Outra divergência entre Marx e Weber reside na origem do capitalismo. Weber defende a hipótese de que o capitalismo se desenvolveu nos países protestantes, uma vez que o protestantismo fornecia um contexto cultural religioso mais favorável, vide o caso da Inglaterra e dos Estados Unidos (Quintaneiro; Oliveira; Barbosa, 1995). Em outro momento, ele reconhece a economia como uma possível base para o desenvolvimento do protestantismo.

Marx (2010), por sua vez, vê uma dimensão não só econômica, mas também política na origem do capitalismo. Para ele, esse sistema nasceu de uma acumulação primitiva com as guerras coloniais, a pilhagem dessas colônias, a especulação com o ouro, com a escravidão, com tráfico negreiro. Enfim, para Marx, a origem do capitalismo moderno está na violência do Estado que patrocina esse processo bárbaro.

Vale mencionar, por fim, que o capitalismo é visto por Weber (1992) a partir não só da economia em si, mas também do ponto de vista social e cultural. Existe um tipo de capitalismo estudado por ele que é herdado de uma prática religiosa e que acaba, por assim dizer, racionalizando a própria prática econômica. A economia tem influência racionalizadora na vida das pessoas, e essa racionalização se estende a outras áreas da vida, tornando o capitalismo uma potência decisiva na vida.

— 4.2 —
Crítica ao positivismo

Weber foi o primeiro sociólogo a criticar as premissas do positivismo, oferecendo para a sociologia novos parâmetros epistemológicos e metodológicos. Sua obra está, em grande parte, relacionada com o desenvolvimento do capitalismo moderno e com as causas das mudanças sociais dele originadas. Weber recebeu influência de Marx, embora discordasse deste quanto à ênfase aos aspectos econômicos como condicionantes das ideias. O teórico não minimizou os efeitos econômicos na vida social, mas ressaltou que as ideias e os valores também repercutem intensamente nas mudanças sociais.

Na época de Weber, o positivismo dominava o debate em relação às características que separam as ciências naturais das ciências sociais, ou seja, havia uma discussão sobre se o entendimento da sociedade só era possível a partir da descoberta de suas leis gerais ou por meio do estudo dos valores construídos e seus sentidos. Durkheim, de forte influência positivista, entendia que, para um estudo científico da sociedade, era preciso tratar os fatos sociais como coisas, isto é, afastar-se dos fatos para poder estudá-los com neutralidade (Quintaneiro; Oliveira; Barbosa, 1995).

Weber (1982) discordava dessa premissa e afirmava que não havia como se afastar dos fatos sociais porque há uma carga de interesses neles, uma vivência a partir deles na sociedade. Para o pensador, é impossível o pesquisador social não se envolver com os fatos sociais porque também é membro dessa sociedade, um agente social. A sociedade se transforma pelas nossas ações, pelas nossas interferências, de forma que não temos como nos afastar nem como nos abster de opinião. O simples desejo de estudar esse ou aquele objeto já é suficiente para tirar a neutralidade.

Weber (1982) propôs, então, que, na impossibilidade do estudo frio – neutro e objetivo da sociedade – deve-se atentar à razão histórica, ou seja, compreender a sociedade captando os sentidos e as visões de mundo que as sociedades tiveram em cada época. Assim, ele concluiu que a sociedade, por não ser um objeto natural, mas sim uma construção social, só poderia ser apreendida partindo de um relativismo e de um perspectivismo.

— 4.3 —
Objeto e método

Para Weber (1982), o objeto de estudo da sociologia é a ação social. Ao contrário de Durkheim, ele não iniciou sua sociologia no coletivo, na sociedade ou nas instituições, pois seu ponto de partida foi a ação social praticada pelo indivíduo, sendo esta ação dotada de um significado subjetivo. Weber não negou que a sociologia trata de fenômenos coletivos, porém, no que se refere ao método, a análise sociológica é feita a partir do indivíduo, embora a conduta desse indivíduo esteja sempre referida à do outro, comprovando seu caráter social (Cohn, 1991).

Weber definiu a sociologia como uma ciência que pretende compreender a sociedade interpretando a ação social, para, dessa maneira, explicá-la causalmente em seu desenvolvimento e efeitos (Quintaneiro; Oliveira; Barbosa, 1995). Para explicar a sociologia, Weber propôs, primeiro, explicar o que é a ação social, ou seja, a ação que os indivíduos são capazes de fazer, de agir sobre os outros de modo a modificar o comportamento. Tudo o que o indivíduo fizer na sociedade que altere o comportamento de outro é uma ação social.

A sociologia weberiana busca compreender, assim, o sentido, o desenvolvimento e os efeitos da conduta de um ou mais indivíduos, sem, contudo, julgar a validez de tais atos e sem compreender o agente enquanto pessoa. Explicar é captar a conexão de sentido em que se inclui uma ação (Quintaneiro; Oliveira; Barbosa, 1995). Weber definiu, aqui, o que é feito e as causas do comportamento.

Se duas pessoas ou mais estão em interação, orientando suas ações pelas ações alheias, é porque existe um sentido para interagirem, independentemente do valor que tenha esse sentido. Por exemplo, duas pessoas resolvem se casar, uma com interesse diferente da outra – uma pode estar se casando por amor e a outra por interesse financeiro, por exemplo. Para Weber (1982), esse fator de diferença não importa, mas sim que se trata de uma *relação social*, conceito esse que complementa o de ação social e que veremos mais adiante.

Além disso, em Weber (1982), a compreensão da sociedade e de suas instituições passa, primeiramente, pela conduta dos indivíduos, e não do coletivo. A sociedade como um todo é a expressão e a objetivação da atividade humana que lhes dá sentido, motivo pelo qual Weber tem o indivíduo como fundamento da explicação sociológica.

Como a sociologia ocupa-se de compreender a ação social, Weber denominou seu método sociológico de *método compreensivo* ou *sociologia compreensiva*. Em vários textos, ele centrou sua atenção na ação social e criou um recurso metodológico muito importante para a abordagem sociológica: o **tipo ideal**.

Os tipos ideais são modelos conceituais ou analíticos que podem ser usados para entender o mundo. São construções hipotéticas bastante úteis, pois, por meio delas, é possível compreender qualquer situação do mundo real comparando-a com o tipo ideal, isto é, como referência, algo típico de um grupo ou de um tipo de ação (Giddens, 2012).

De posse do tipo ideal, podemos classificar classes, por exemplo, em classe rica e classe pobre, classe dos proprietários dos meios de produção e classe operária, rei e súditos. Portanto, em pares opostos, identifica-se o que cada classe tem como características que lhes sejam típicas. Se analisarmos as características do tipo ideal do Estado, por exemplo, diríamos que ele se diferencia do que que é privado por ser impessoal, burocrático, o único com poder de coação e com monopólio da violência.

— 4.3.1 —
Neutralidade axiológica: objetividade do conhecimento

Para Durkheim, o caráter subjetivo individual das ações que os indivíduos tomam em sociedade não devem ser levados em conta pela sociologia, dado que esta não trabalha com aspectos psicológicos e subjetivos (Quintaneiro; Oliveira; Barbosa, 1995). Os indivíduos são condicionados pelos fatos sociais, e a consciência coletiva é o conjunto de ações e instituições dos comportamentos, formando o todo social. A sociologia durkheimiana é prescritiva, tendo em vista que prescreve tratamentos para os casos em que as instituições não funcionam como deveriam.

Para Weber (1982), a sociologia não deve buscar tratamento para curar a sociedade de supostos maus funcionamentos, mas sim compreender como ela funciona. O teórico propõe uma sociologia compreensiva, que busca entender por que ela é deste ou daquele modo, e não determinar como ela deveria funcionar. Ao passo que Durkheim desconsidera as emoções ou motivações subjetivas para a compreensão da sociedade, é precisamente este o ponto de partida para Weber. A base para a análise sociológica, seu objeto de estudo, portanto, é o conceito de ação social conforme a conexão de sentido em cada indivíduo, caso a caso.

Em sua obra, Weber (1982) enfatiza especialmente o autor da ação, o indivíduo, e não o coletivo, bem como os significados que as ações têm, porque, para ele, é o indivíduo a unidade irredutível, o elemento fundante na explicação da sociedade. Isso não significa uma sociedade com indivíduos vistos isoladamente, mas composta de inúmeros atores sociais e de inúmeras ações sociais em interação.

Vale relembrar que, para Durkheim (1990), o conceito de *fato social* era apreendido como "coisa", devendo o sujeito do conhecimento analisar a "coisa" com objetividade, não se envolvendo ou se influenciando pelo objeto, para que a verdade ali produzida fosse a única verdade. Para Weber, como a sociedade é composta por um conjunto de indivíduos que agem sempre buscando realizar seus sentidos individuais, o fato social não teria essa objetividade proposta por Durkheim. Pelo contrário, Weber define *fato social* como uma fonte de múltiplas possibilidades de análises e perspectivas.

Nesse sentido, não é mais o estudo frio e objetivo do fato social que passa a valer, mas sua interpretação. O fato social, desse modo, pode ser interpretado de inúmeras maneiras, porque a sociedade é composta por uma multiplicidade de subjetividades inscritas em atores sociais. Weber rejeita a objetividade total do fato social e afirma que a ação social, seu objeto, é composta por inúmeros ângulos de análise e interpretações. Se é interpretado, não é objetivo.

Nesse contexto, uma questão que Weber (1993) procura responder é aquela sobre a escolha do professor em emitir sua opinião aos alunos ou apenas apresentar os conteúdos ajudando os alunos a formar uma "visão de mundo". Ele deveria colocar deliberadamente "suas ideologias" ou apenas transmitir-lhes conhecimentos de "forma neutra"? Para Weber, os dois posicionamentos são válidos, pois ambos refletem intenções, ambas as escolhas estão apoiadas em valores. Emitir opinião ou não são decisões pessoais, existem crenças e valores que embasam cada decisão. Ninguém é neutro.

— 4.3.2 —
Julgamento de valor e julgamento de fato

Amparada nas discussões que levantamos até aqui, está novamente a questão da objetividade do conhecimento sociológico quanto ao fazer ciência e fazer política. Weber (1993) procura primeiramente distinguir dois conceitos:

1. **Julgamentos de valor**: na investigação de uma questão, um cientista é inspirado pelos próprios valores e ideais, e, portanto, ele não é neutro; ele está disposto a defender seus valores. Desse modo, o valor é o objeto de estudo, e não aquele que manifesta o valor – a análise é do valor, não das pessoas. O pesquisador quer compreender por que tais e quais valores existem nessas relações e de que forma eles atuam. Nesse sentido, o conhecimento obtido por meio da análise deve ser obrigatoriamente exposto, e nunca apresentado sob o disfarce de "ciência social" ou de "ordem racional dos fatos". A subjetividade só vai até o ponto de escolher o que estudar e quais perguntas formular.

2. **Julgamentos de fato**: é o saber empírico, um saber que nunca deve propor-se a estabelecer normas, ideais e receitas para a práxis, nem dizer o que deve ser feito, mas o que pode ser feito, pois resulta de uma busca de respostas (os fins) através dos meios mais adequados (os métodos).

Dada essas duas formas de julgamento, Weber explica a diferença entre *ciências naturais* e *ciências sociais*. Para ele, a ciência natural sempre vai ter uma ação racional com referência ao objetivo. Por exemplo, quando se estuda o corpo humano, há pouca subjetividade. Não se colocam valores (acho bom, ruim, bonito, feio, arrogante, humilde) nesse fazer científico, porque esse objeto (o objeto da ciência natural) é exterior ao sujeito do conhecimento (cientista). A verdade está no objeto, e não na cabeça do pesquisador.

Nas ciências sociais (históricas), por outro lado, o objeto de estudo é o próprio sujeito do conhecimento, ou seja, o cientista tem uma inteligibilidade intrínseca de total subjetividade, visto que é objeto de análise e pesquisador ao mesmo tempo. A ciência natural trabalha com o verdadeiro objetivo, e a ciência histórica trabalha com o verossímil, que é subjetivo, que faz sentido, que pode ser verdade. É possível estabelecer aqui um silogismo, uma lógica, porque faz sentido na medida em que convergem para as análises que pessoalmente, subjetivamente, o pesquisador social escolheu estudar.

A atividade científica é, assim, simultaneamente racional com relação às suas finalidades – a verdade científica – e racional com relação a valores – a busca da verdade (Quintaneiro; Oliveira; Barbosa, 1995).

Podemos concluir, portanto, que o pesquisador em ciências sociais pode ser movido por seus valores no momento de definir seu objeto, porém, durante a pesquisa, seus posicionamentos pessoais, seus juízos de valor ou axiológicos, devem ser afastados, porque apenas os juízos de fato (o rigor científico) devem prevalecer.

— 4.3.3 —
Os quatro tipos puros de ação social

Na sociologia weberiana, existe uma relação entre aquilo que motiva o indivíduo a realizar determinado tipo ação e a compreensão das condicionantes sociais que levam o indivíduo a agir dessa ou daquela maneira. As ações sociais têm origem no indivíduo, mas têm, também, uma relação com a sociedade. Ao mesmo tempo em que uma pessoa decide agir, ela age mediante imposições da sociedade, embora não à força, age, por exemplo, em virtude de um costume.

A característica fundamental das sociedades ocidentais, para Weber, é que elas tendem à racionalização em todas as suas instâncias, incluindo aí a religião, como na Reforma Protestante, cujas interpretações estavam mais adequadas à racionalidade econômica burguesa (Aron, 2002). Eventos como esse fazem a marcha da racionalidade ser um caminho sem volta. Para facilitar a compreensão da ação social, Weber desenvolve, como vimos anteriormente, uma tipologia das ações, um recurso metodológico para identificar o tipo puro de cada ação (Aron, 2002).

Ação racional com relação a fins

A ação racional com relação a fins é a mais racional das ações, uma vez que se trata de ações planejadas, isto é, quando o indivíduo se orienta racionalmente para atingir o resultado, de modo que a finalidade da ação justifica as condições e os meios empregados para alcançá-la. O agente avalia, examina, premedita, calculando o meio mais apropriado para se chegar ao objetivo. São as chamadas *ações utilitaristas*, cujos exemplos podem ser observados nas ações voltadas para a ciência ou para a esfera econômica.

O vínculo entre fins e meios será tanto mais racional quanto menos o agente se deixar levar por interferências que lhe conduzam ao erro. Esse tipo de ação tem mais chance de êxito porque o agente tem muito claro qual é o objetivo a ser alcançado. Por outro lado, nesse tipo de ação, o objetivo é exterior ao agente. Se o indivíduo intenta adquirir um automóvel, por exemplo, nada garante que ele vá conseguir, pois está submetido a condições que não dependem dele. A ação será racional sempre que o agente pensar, planejar, desenvolver métodos para chegar ao resultado desejado.

Ação racional com relação a valores

A ação racional com relação a valores é tida frequentemente como menos racional porque, nesse conceito, mais importante que o resultado, o agente se orienta de acordo com as próprias convicções. Esse tipo de ação leva em conta a fidelidade às crenças, à política e à ética, fontes inspiradoras da conduta do agente. Ao agir assim, está cumprindo com um dever ditado por seu senso moral. Em termos de racionalidade, ela é menos pura do que o primeiro tipo, visto que sua racionalidade está adstrita aos valores pessoais do agente. Se os fins a serem alcançados não condizem com os preceitos éticos, morais, políticos, religiosos nos quais acredita, o agente deixa de executar a ação.

Portanto, esse tipo de ação continua sendo consciente, pensada, refletida, mas não acontece com base em uma condição exterior ao agente, e sim em razão de uma condição intrínseca, que são os valores que o indivíduo traz consigo. A racionalidade acontece a partir desses valores. Um exemplo desse tipo de ação pode ser verificado no religioso que faz voto de pobreza e que, por toda a sua vida, agirá racionalmente em relação a esse valor. O sentido de sua ação é este: não romper com o valor que lhe constitui o caráter, que lhe dá um sentido para agir, um sentido para viver.

Ação afetiva

A ação afetiva é tida como irracional, visto que o agente não consegue controlar os afetos. É a ação de quem age se deixando levar por sentimentos – emoção, ciúmes, inveja, raiva ou paixão –, de quem se move para satisfação imediata de um impulso, já que não considera os meios para agir, tampouco tem um objetivo a ser atingido.

É irracional porque aquilo que afeta o sujeito (as emoções) não é controlado, ou seja, o agente não tem autocontrole de seus impulsos, correspondendo tão somente às emoções que lhe ocorrem internamente. Esse tipo de ação, por ser imediata, não passa por uma reflexão, pois é ditada pela momentaneidade da consciência do agente. A irracionalidade de uma ação é o que pode ser uma total falta de autocontrole das emoções, levando o agente a cometer atos explosivos.

Ação tradicional

Podemos considerar que a ação tradicional é também irracional, pois é determinada pelos costumes ou, no dizer de Weber (citado por Quintaneiro; Oliveira; Barbosa, 1995, p. 121) "o ontem eterno". Esse tipo de ação está presente na maior parte de nossa vida cotidiana, por isso nem as percebemos, já que são ações executadas de maneira irrefletida ou, ainda, por imitação social. Aquilo que nos foi repassado e internalizado torna-se hábito e tradição pertencente ao meio em que vivemos.

Não é uma ação imediata no sentido do agir por tensão, pelo contrário, é uma ação constante que se desenvolve por um longo processo e sobre a qual não pensamos. Vindas de antepassados, essas ações não são questionadas, ou seja, não são objetos de dúvida. O exemplo de Weber é o que se passa com pais não religiosos, mas que costumam batizar seus filhos na igreja.

É importante percebermos que essas ações vêm de uma escala de racionalidade, isto é, da ação mais racional à mais irracional. Para compreendê-las, é preciso que se capte o sentido que ator (agente) atribui à sua conduta. Weber privilegia as ações racionais em seus estudos, pois, para ele, "o traço característico do mundo em que vivemos é a racionalização" (Aron, 2002, p. 729). Estamos vivendo na sociedade dos negócios, dos empreendimentos capitalistas. Paralelamente, o Estado também se racionaliza, burocratizando sua gestão.

— 4.4 —
Relação social

A ação social é a ação praticada por indivíduos na sociedade, isto é, no coletivo, que sempre acontece em relação à outra pessoa (ou outras). Weber (1982) enfatiza o autor da ação (indivíduo) e os significados que as ações têm, postulando que, vivendo em sociedade, os indivíduos sabem o que esperar uns dos outros e agem desta ou daquela maneira porque existe um sentido para que ajam assim. É o sentido da própria existência social que

Weber busca compreender para explicar a sociedade. Para ele, as ações sociais não acontecem de forma aleatória, visto que sempre têm um sentido, uma intenção, uma racionalidade ou uma emotividade.

Como para Weber (1982) a sociologia não é uma ciência dos grupos, mas feita de ações sociais praticadas por indivíduos, significa que essa ação social é realizada em referência ou na expectativa de uma ação de outra pessoa ou de outras pessoas. O indivíduo, ao agir, já imagina como vai ser a reação do outro ou de outros. A sociologia weberiana é feita de ações sociais praticadas por indivíduos, como mencionamos anteriormente, mas estes agem socialmente.

Quando o indivíduo age em relação a outro, tem-se uma relação social, uma reciprocidade, mesmo que eles não estejam praticando a mesma ação. Por exemplo, o "eu mando, você obedece" ou "eu vendo, você compra" são relações sociais em que uma ação complementa a outra.

Desse modo, percebemos que a unidade básica na sociologia weberiana é a interação, uma vez que a unidade mínima de uma sociedade são duas pessoas interagindo. Logo, o indivíduo até pode estar sozinho, mas está referido na expectativa de um comportamento alheio e, assim, as pessoas agem com sentido. Se for retirada de nós essa referência ao outro, retira-se da ação social a ideia de sentido. Então, o sentido de um indivíduo é que ele vai, de alguma forma, descobrindo como é que se age e como é que o outro age.

A conduta de vários indivíduos, na qual todos sabem de que forma o outro vai agir, é denominada *relações sociais*, porque tais condutas estão reciprocamente orientadas, ou seja, são esperadas, já que todos agem com base em significados partilhados socialmente. No entanto, isso não significa que os participantes de um mesmo grupo percebem o mesmo sentido ou que assimilam a atitude do outro (Quintaneiro; Oliveira; Barbosa, 1995).

Além disso, nas relações sociais, pode ocorrer a ausência de reciprocidade no sentido, isto é, a ação na qual a conduta do outro não era prevista. Como regra, as relações sociais têm conteúdos significativos (todos entendem), tais como conflito, compaixão, competição, perseverança, obediência etc., de modo que duas pessoas compreendem o sentido da ação do outro, mas não necessariamente têm de partilhar seu conteúdo, por exemplo, em uma relação cujo conteúdo é de violência ou de amor.

As relações sociais podem ser instantâneas, passageiras, constantes ou sólidas, e é isso que explica a durabilidade (ou não) de instituições como o Estado, a Igreja ou o casamento: suas estruturas sociais têm conteúdos que fazem sentido para as pessoas. Por isso, para Weber (1982), o Estado existe não a partir dos elementos jurídicos que o compõem, mas em razão de apresentar conteúdos significativos aceitos pelos indivíduos.

De acordo com Weber, relações sociais racionais têm mais probabilidade de se tornarem norma, como as que decorrem de uma relação jurídica, econômica ou política, por parte do Estado ou firmada em contrato entre as partes (Cohn, 1991).

Weber também se refere ao conteúdo comunitário (afetivo ou tradicional) fundado em um sentimento subjetivo de pertencimento mútuo, como os que ocorrem em uma torcida de um time de futebol. As relações associativas, pelo contrário, estão baseadas em interesses motivados racionalmente (com relação a fins ou valores). Essas relações podem ser verificadas, por exemplo, entre os partícipes de um sindicato ou do mercado.

Se uma sociedade é livre e democrática, pode ser que o indivíduo tenha mais espaço para não fazer e não agir exatamente do jeito que os outros esperam dele. Se a sociedade é mais fechada, onde não existe liberdade, dificilmente os indivíduos terão espaço para agir de forma diferente daquela que esperam dele.

— 4.4.1 —
Tipo ideal

O tipo ideal, como já vem sendo exposto, corresponde a um modelo hipotético, ou seja, trata-se de um modelo que não existe na realidade, mas está generalizado na ideia, sendo de grande ajuda naquilo que se está estudando. Com o conceito de *tipo ideal*, Weber buscou coisas comuns e gerais para explicar um fenômeno social, postulando que o sociólogo se debruça sobre a ação social em análise procurando o tipo ideal, reunindo o tipo que é comum a todos, as características que se sobressaem às outras.

Se a ação social dos indivíduos em sindicatos, em clubes sociais, em igrejas, tem um sentido dado por esses indivíduos, é esse sentido, próprio de cada grupo, que o tipo ideal busca captar. Se formos analisar a democracia à época de seu nascimento, em Atenas, não verificaremos os mesmos traços que contém, por exemplo, em uma democracia contemporânea, visto que os sentidos são constructos sociais pertencentes aos respectivos tempos.

Concluindo, Weber (1993) afirma que uma objetividade plena do conhecimento nas ciências sociais, como desejava Durkheim, não é possível, pois as ciências sociais têm uma objetividade possível, ou seja, preveem uma margem de subjetividade porque trabalha com significações culturais e interpretações. Com isso, a objetividade nas ciências sociais não é total, mas também não é meramente subjetiva, visto que a subjetividade é consciente para o sociólogo, que a controla.

— 4.5 —
Poder e dominação

Em virtude do método, a sociologia weberiana é chamada de *sociologia compreensiva*, mas também é conhecida como *sociologia da dominação*. Weber se preocupou em saber como as relações sociais se estabelecem e concluiu que a dominação é fator predominante e que está postulada na capacidade de alguém em dominar (Quintaneiro; Oliveira; Barbosa, 1995). Quando há mudança na sociedade, por exemplo, o que muda, na verdade, é a dominação, seja ela política, seja econômica ou religiosa.

Só domina quem tem poder, que pode vir da força, dos instintos, da razão, dos impulsos. Weber vê uma sociedade em luta pelo poder, um mundo em que um poder busca prevalecer sobre o outro. Darwin vê as espécies assim, Marx vê as classes assim. São formas diferentes de analisar a luta: os processos das revoluções técnicas são processos de dominação da natureza, bem como a racionalidade ocidental é a racionalização da dominação do mundo.

Essa é uma questão que se coloca por excelência à sociologia weberiana. Weber procura responder àquilo que diz respeito à persistência das relações sociais, ou, dito de outro modo, propõe-se a analisar: Por que as relações sociais, mesmo diante de conflitos, não se desfazem facilmente e, pelo contrário, lutam para que o conteúdo dessas relações perdure no tempo? Por que a persistência, se toda e qualquer relação social é problemática, visto estarem assentadas em assimetria de poder?

A explicação encontrada por Weber (2004) está na análise dos fundamentos da organização social: a dominação ou a produção de legitimidade. A sociedade é marcada por poderes e, para entendermos essa questão, devemos compreender a distinção que o autor faz entre poder e dominação.

- **Poder**: capacidade de impor a própria vontade dentro de uma relação social, mesmo contra toda e qualquer resistência. Dito de outro modo: poder é o exercício da vontade sobre os indivíduos (Weber, 2004).

- **Dominação:** probabilidade de encontrar obediência a certo mandato (Weber, 2004).

Produzir legitimidade é produzir a aceitação em obedecer, visto que a ordem legítima é a ordem aceita. O que responde à questão de Weber sobre a durabilidade das relações sociais é a probabilidade de alguém produzir no outro a vontade de obedecer. Produzir no outro a aceitação em se subordinar ao poder exercido por este alguém.

Todas as relações sociais são permeadas pelo conflito, visto que, em todas as relações, há dominação. Para Weber (2004), não há relação possível sem dominação. Portanto, a chave da explicação sociológica sobre a persistência das relações sociais é a dominação e a produção de legitimidade dessa dominação. Dessa maneira, o poder (legitimado) pode ser verificado pelas formas de dominação legítimas, isto é, se os indivíduos aceitam o mando exercido por alguém, é porque esses mesmos indivíduos conferem legitimidade a esse mando e, consequentemente, ao poder que esse alguém exerce.

Já o *poder*, cujo conceito é sociologicamente amorfo, não precisa ser submetido à aceitação de ninguém, visto que, em essência, é violência. Com o processo de racionalização, o poder vai sendo retirado das relações sociais cotidianas e passa a ser algo impessoal, racional, sob monopólio do Estado.

O Estado se funda na força, isto é, na violência, porém é uma violência impessoal, objetiva, exercida pelos agentes do Estado. Sem o uso da violência, o Estado não existiria; mesmo não sendo a violência o único instrumento de que se vale para existir, é, por óbvio, seu instrumento específico. Assim, o Estado

> reivindica o monopólio do uso legítimo da violência física. É, com efeito, próprio da nossa época o não reconhecer, em relação a qualquer outro grupo ou aos indivíduos, o direito de fazer uso da violência, a não ser nos casos em que o Estado o tolere: o Estado se transforma, portanto, na única fonte do direito à violência. (Weber, 1993, p. 56)

Só no Estado a violência passa a ser legítima, e o desenvolvimento do Estado moderno parte do desejo da autoridade (príncipe) de expropriar os poderes privados, independentemente de quem sejam seus proprietários (Weber, 1993).

O Estado moderno nasce da busca em centralizar o poder, a violência, o exército, a administração financeira e o poder jurídico em suas mãos, a fim de limitar o poder dos senhores feudais. Na contemporaneidade, ainda podemos, em outros contextos, observar esse longo processo de retirada do poder privado nas relações sociais, por exemplo, entre homem/mulher, patrão/empregado, pais/filhos etc.

Nesse sentido, a gestão econômica de uma sociedade precisa da garantia de poder do Estado, ou seja, da coação jurídica. Para o Estado funcionar, é preciso dispor de uma economia sustentável para que os impostos sejam cobrados. Politicamente, o Estado apenas pode prometer ou fazer algo considerando a situação econômica da sociedade. Um governo só é eficiente se for capaz de compreender o cenário da economia nacional e o comportamento econômico do cenário internacional. Se o governante não entende o mercado, está fadado a enfrentar crises.

— 4.5.1 —
Os três tipos puros de dominação legítima

No que se refere à chamada *dominação política*, Weber desenvolveu o conceito de três tipos de dominação legítima, ou seja, aquela que é, de alguma forma, reconhecida e justificada, em que há uma aceitação da dominação. Não tem como, nos grupos humanos, as pessoas não serem dominadas umas pelas outras. Weber (1991) procura analisar as causas que tornam legítima a autoridade, isto é, os motivos que fornecem ao agente algum tipo de autoridade. Para isso, é preciso que a dominação se encaixe em um dos tipos de dominação legítima, isto é, nos casos em que os indivíduos aceitam a dominação. A seguir, analisaremos os três tipos de dominação legítima que se formam nas sociedades segundo Weber.

Dominação legal

A dominação legal é própria das sociedades modernas e funda-se sobre a crença na legitimidade de ordenamentos jurídicos que definem como e quem pode exercer o poder. É o tipo de dominação racional em que a fonte de poder é a lei, os estatutos sancionados e, assim sendo, a obediência é prestada tanto pelos cidadãos quanto por quem manda. Toda a sociedade está submetida a seu corpo de leis e regras oficializadas pelo Estado, único detentor da força, impedindo o exercício da violência pelos indivíduos.

A dominação racional legal, cujo tipo ideal mais puro vai ser a burocracia, é a dominação moderna, a dominação pela lei, na qual quem manda é a lei, e não a pessoa. Esse é o Estado democrático moderno no qual a lei não muda a partir de um desejo pessoal, mas a partir de debates, de assembleias com regras claras e objetivas. Significa dizer que todos os outros poderes estão submetidos à lei. A dominação racional legal é impessoal e tem caráter universal porque todos estão submetidos às regras. Nesse tipo de dominação, portanto, tudo é previsto, pois já está tudo codificado. Não acaba com a morte do legislador. Tendo como critério de legitimidade a competência, a sociedade passa a ter certa estabilidade. O tipo ideal aqui são as relações econômicas de mercado.

Dominação tradicional

A legitimidade da dominação tradicional funda-se sobre a crença no caráter sagrado de um poder que existe "desde sempre", do poder que está na tradição. A administração desse poder é do tipo patriarcal, na qual os indivíduos estão ligados pessoalmente ao senhor. Como exemplo desse poder, podemos citar a relação príncipe/súdito e as relações pai/filhos no interior da família patriarcal. Obedece-se por costume, porque sempre foi assim. Nessa forma de dominação, mesmo discordando dos valores do príncipe ou do pai, há respeito e obediência, visto que são normas com profundas raízes na tradição e que, portanto, norteiam a vida.

Não é uma dominação racional, pois os indivíduos não escolhem obedecer por opção pensada, refletida, mas por costume. O tipo ideal aqui são as questões de ordem familiar, nas quais o príncipe/pai exerce o poder pela força de um passado longínquo.

Dominação carismática

A legitimidade da dominação carismática é baseada na dedicação afetiva à pessoa do líder, ao caráter sagrado, à ação heroica, à força do discurso e a tudo aquilo que o distingue alguém de forma especial. O poder emana da própria pessoa, do líder carismático, que pode ser um religioso, um guerreiro ou um demagogo. As pessoas seguem o líder porque atribuem a ele qualidades pessoais tão extraordinárias a ponto de não poderem questioná-lo. Weber (2004) afirma que a sociedade alienada pelo líder carismático cede à vontade deste.

Trata-se de um tipo de dominação irracional, pois quem lhes presta obediência o acreditam com poderes pessoais, detentor de força mística. Não é necessário qualquer requerimento para que o líder exerça poder, porém esse poder é bastante instável, já que, em qualquer momento, os seguidores podem perder o encanto.

A dominação carismática é, por natureza, personalíssima, é o domínio da pessoa, é o domínio pelos dons da pessoa, pela potência da pessoa. Esse tipo de dominação tem, portanto, caráter pessoal, e outros dependem daquela pessoa, daquele líder, que pode ser um religioso, um político, um "salvador da pátria" etc. Sendo pessoa, um dia há fim, porque tudo acaba com a morte do carismático. Se o líder, quando em vida, não preparou seu sucessor, a continuidade tende a ser problemática. O tipo ideal aqui é, então, o líder político que se destaca pelo seu carisma, e não pelos seus feitos.

A sociedade ideal, para Weber (2004), é aquela que se constrói como organização racional legal, com leis universalmente válidas, diminuindo ao mínimo possível o arbítrio, garantindo o Estado de direito. Weber desejava uma sociedade em que as pessoas pudessem ter suas convicções sendo respeitadas por outras pessoas com outros pontos de vista. Aqui, vale ressaltar que a burocracia weberiana não deve ser confundida com a burocracia que dificulta o fluxo dos processos. Pelo contrário, é um sistema que funciona racionalmente, em que cada agente tem uma função com uma razão de ser.

Weber (2004) não pensava a sociedade que não fosse a capitalista, de mercado, porque era essa a sociedade de seu tempo. Ele não propunha outro modelo de sociedade imaginando que pudesse ser melhor do que a do seu presente. A luta de classes, para ele, nem sempre atuaria com viés econômico nem seria, necessariamente, revolucionária. A situação de classe, a condição social das pessoas, em última instância, é definida pela situação de mercado. Quanto às classes propriamente ditas, Weber afirma que os interesses individuais, além de serem bem diversificados, estão bem acima dos interesses coletivos, de classe. À medida que o indivíduo trabalhador conquista uma posição econômica diferente à de seus congêneres, deixa de lado o sentimento de pertencimento (Weber, 2004).

Weber (2004) observa, também, que os trabalhadores tendem a não identificar de fato seus verdadeiros inimigos. O rancor é dirigido à pessoa que está diretamente na fábrica, ao dono do mercadinho em que faz compra, ao seu gerente direto que limita seu poder. Isso porque as pessoas que lucram realmente não estão acessíveis. Estão muito longe do trabalhador que produz.

> O rancor dos trabalhadores não se dirige contra rentistas, acionistas e banqueiros – ainda que, precisamente, à classe deles aflui mais lucro, em parte obtido sem trabalho, do que à dos fabricantes e diretores de empresas – mas contra estes últimos em pessoa, como adversários diretos na luta de preços. (Weber, 2004, p. 180)

Por isso, de acordo com Weber, é difícil que haja uma revolução transformadora da realidade capitalista, uma vez que não se sabe exatamente como atingir o alvo. Por não acreditar que o socialismo pudesse resolver a bom termo os problemas econômicos, ele aderiu à chamada *terceira via*, isto é, à política socialdemocrata com um Estado de Bem-Estar Social. Para Weber, se o mercado não for regulado pelo Estado, sobressai o interesse do mercado que é exclusivamente o lucro. Os agentes de mercado não estão preocupados se as pessoas estão passando fome, desempregadas ou sem acesso à saúde, pois atendem tão somente à lógica do mercado, ou seja, ao único valor que deve ser respeitado: o valor do contrato.

— 4.6 —
Racionalização, burocratização e desencantamento do mundo

Weber (1992) se interessou em captar a conexão de sentido de sociedade que estava saindo do século XIX e entrando no século XX, em uma Europa que vivenciava o capitalismo em sua fase monopolista industrial, o imperialismo e o neocolonialismo, fatores estes que resultaram na Primeira Guerra Mundial. Weber destacou que o traço central que define o principal sentido da existência dessa sociedade é a racionalização, o cálculo do custo, do lucro, do tempo, dos investimentos.

Essa racionalização é típica do capitalismo que requer a previsão do mercado, a análise de riscos, enfim, uma racionalização que visa minimizar os riscos e maximizar os lucros. Para o teórico, esse é o sentido do mundo contemporâneo, que vem se originando desde as revoluções científicas do século XVII.

Weber, no entanto, não se mostra um entusiasta nem um otimista quanto aos efeitos da racionalização, processo este que ele chamou de *desencantamento do mundo*.

Ele constata que o avanço da burocracia moderna em todos os setores da vida provoca um desencantamento do mundo, acabando por nos aprisionar em uma jaula de ferro, com poucas chances de fuga. A burocracia poderia ter efeitos sufocantes, esfriando as relações humanas (Giddens, 2012).

Nessa sociedade, as explicações metafísicas e religiosas, ou seja, o pensamento místico, vão perdendo cada vez mais espaço para o pensamento racional, calculável. À medida que burocratização aparece, vai deixando de existir a dominação patrimonial, patriarcal, o poder que se exerce com parentes e para os parentes, pois o governo que se fazia com laços pessoais e familiares, com as linhagens e os sobrenomes.

A burocracia surge para valorizar a impessoalidade dos cargos, e não mais os indivíduos, os sobrenomes. Dos indivíduos exigisse-se a competência, o profissionalismo frio para ocupar os cargos. Os indivíduos submetem-se aos cargos, e não os cargos a eles. Por trás disso tudo está um Estado, que administra pessoas, orçamentos, balança comercial; um Estado racional, enfim, eficiente, que funciona de acordo com o sentido do mundo contemporâneo.

A burocracia é, no dizer de Weber (citado por Löwy, 2014, p. 53), "a jaula de aço" que vem racionalizar as relações pessoais. Não entra mais na vida pública quem tem por referências laços pessoais, mas aquele que preenche os requisitos para o cargo. Os indivíduos não podem demonstrar emotividade ou afetividade na execução de suas tarefas. Tudo terá o momento, o ambiente e a hora propícia. A organização racional e burocratizada da sociedade, sempre demandando ações racionais, vai resultar na secularização da vida, responsável pela separação entre Igreja e Estado.

Isso significa que a orientação para a vida social e política deixou de ser buscada no campo da religião. A organização do Estado e da sociedade dependem da capacidade humana de conduzir a sociedade com base em critérios racionais. A religião não desaparece, apenas não representa mais a ordem social e política.

A perda de sentido no mundo frio da racionalidade coloca o ser humano em um dilema: manter sua vida sob o comando da religião implica sacrificar o intelecto. Sacrificar a religião implica a aceitação da falta de sentido da modernidade (Weber, 2004). Por isso o temor de Weber de que a marcha da racionalização e o sistema capitalista acabassem aprisionando as pessoas em uma jaula de ferro. Nesse ponto, Weber é fatalista: o capitalismo é uma fatalidade inevitável. Estamos condenados a viver nessa jaula de ferro (Löwy, 2014).

O processo de modernização e de destradicionalização é inexorável, e todos devem, portanto, conformar-se a isso. A burocracia aumenta à medida que o poder vai sendo arrancado dos grupos familiares. A burocracia social é um produto puramente moderno e que tende sempre a aumentar. O Estado moderno, que é um aparelho burocrático por excelência, é construído na lógica racional para seu funcionamento.

Embora Weber (1992) acredite que a racionalização tenha suas armadilhas e as irracionalidades próprias de processos cada vez mais complexos, ele acredita que houve um avanço irreversível na racionalidade. O Estado democrático é um dos melhores resultados desse processo. Já no que se refere à divisão do trabalho, Weber a vê como um processo constante de especialização, de fragmentação total do que seja uma visão de mundo, valores sociais etc., entendendo que, na especialização, perde-se a noção do todo.

Weber conceituou as estruturas burocráticas da sociedade investigando suas origens históricas na China, no Egito, em Roma, na Igreja Católica e nas grandes corporações capitalistas. A burocracia se relaciona com o direito na medida em que esse tipo de dominação é constituído pela existência de regras abstratas e claras, as quais se encontram vinculadas ao detentor do poder. Sua legitimidade escora-se na ordem jurídica impessoal a qual o detentor do poder não pode ultrapassar, antes é dela que seu poder emana.

O aparelho administrativo funciona por meio de regulamentos (leis ou normas administrativas) firmemente ordenados de mando e subordinação. Os agentes da administração burocrática são treinados e capacitados em suas especialidades (Weber, 1982). Conforme Weber, a máquina burocrática tende a distanciar os cidadãos das decisões políticas necessárias, tornando-se um entrave para a democracia.

Em seu livro *Economia e sociedade*, lançado em 1922, Weber (2004) tenta, a seu modo, investigar uma questão sobre a qual Marx também se tinha colocado a pensar: descobrir a relação da economia com outras esferas da vida social, como a religião, o direito e a arte. Weber examina o núcleo do pensamento marxiano, segundo o qual a economia imprime sua marca sobre o todo social. Marx, que foi um grande interlocutor de Weber, afirmou que, para se saber o que é o direito, o que é o Estado ou a religião, é necessário primeiro saber como se organiza a economia. O entendimento do capitalismo, é claro, passa por Marx, e, por isso, Weber não nega a tese marxiana, no entanto, atribui outros fatores para explicar os fenômenos sociais.

Para Marx, tem um papel fundamental o fato de que, no capitalismo, os trabalhadores, os produtores diretos, não são os proprietários dos meios de produção. Weber não nega esse fato, porém, quer entender se, no funcionamento do aparelho de Estado, não seria relevante considerar que o burocrata tampouco é proprietário nem tem controle sobre os meios de seu trabalho. Weber questiona se o fato de não ser proprietário dos meios de produção importa para os agentes burocratas ou apenas para os operários.

Por outro lado, Weber enxerga como um grande problema o fato de uma sociedade racional e legalmente organizada, não obstante sua importância, acabe tolhendo, de alguma forma, exatamente pelo seu grau de racionalidade, a iniciativa e a criatividade dos indivíduos. O dilema reside no fato de que a organização, quando é eficiente, cerceia a liberdade criativa do indivíduo, porém, quando libera a inciativa individual, a organização perde, em tese, em eficiência. Essa é a diferença entre o burocrata e o político. O burocrata quer a continuidade do processo seguro da organização, do modo que ele está habituado e do modo que permite prever as consequências. O político pleiteia novas ações, projetos inovadores.

Para Weber (1992), o desencantamento é um longuíssimo processo que começa já no Velho Testamento, com a ideia judaica de que o mundo não é uma emanação de Deus, mas uma fabricação de Deus. Significa dizer que o mundo é um produto artificial de Deus, diferente, portanto, de um mundo cheio de deuses. Um mundo que não é gerado, mas fabricado, faz Weber perceber um toque monoteísta, de um Deus transcendente, e não imanente como nas culturas orientais.

No Velho Testamento, Deus cria o mundo e o coloca nas mãos dos homens para que o administrem. O processo de desencantamento do mundo já é percebido por Weber na ideia de Deus único, de um Deus supramundano, que não está na terra, nem esta é povoada por divindades, como em outras mitologias (Weber, 1982).

Weber expõe a lógica própria de um mundo sem deuses, que se desembaraça do sentido metafísico de um cosmos ordenado por Deus. O calvinismo, no início da modernidade, dará cabo do projeto de retirada de todo o desencantamento ao afastar o valor religioso da religião. No calvinismo, a prática religiosa não salva, visto que a salvação já está decidida, *a priori*, por Deus. O que move a vida agora é a economia, mesmo que seu norte possa ser um ideal religioso.

— 4.6.1 —
Classes, estamentos e partidos

Em nossos estudos até aqui, vimos que a sociedade é marcada por poderes. Na teoria da estratificação social, Weber (1982) divide a sociedade classificando os grupos sociais em três ordens: econômica, social e política. Cada uma delas tem sua esfera própria de poder. Essas ordens se apresentam como modelos de conduta legitimadas pela crença que os indivíduos depositam nelas, isto é, os indivíduos creem na validez de cada uma dessas ordens e, nesse sentido, o poder é mantido (Weber, 2004). Nessas ordens, encontramos o que o Weber chama de *classe* (divisão de classe: ricos e pobres), *estamento* (origem social) e *partido* (poder político).

As três ordens formam estratos sociais, têm mecanismos próprios de distribuição de poder e devem ser entendidas dentro da noção de mobilidade social. Em uma sociedade estratificada, Weber observa a possibilidade de haver maior ou menor possibilidade de mobilidade.

- **Classe**: o critério aqui é econômico; o poder encontra-se nas mãos de quem possui propriedades que têm valor no mercado. Quanto maior o número de bens, maior o privilégio, maior o poder. O critério econômico é aberto: propicia a mobilidade social, isto é, a ascensão econômica individual (Weber, 1982).
- **Estamento**: a mobilidade social não existe. Nessa esfera contam o *status*, a honra, a origem social (berço). Existem regras de pertencimento a grupos ou estamentos, exige-se um modo de vida determinado para todos os pertencentes do círculo, um estilo típico, exclusivo, que abrange comportamento, modos de expressão, consumo de certos bens e casamento endogâmico (Weber, 1982).
- **Partido**: o poder está relacionado com o campo político: "sua reação é orientada para a aquisição do poder social, ou seja, para a influência sobre a ação comunitária, sem levar em conta qual possa ser o seu conteúdo" (Weber, 1982). O partido é, assim, um grupo de agentes disputando o poder, não só no campo estatal, mas também em outros tipos de organização.

A mobilidade social é própria do capitalismo, que vai configurar o fenômeno da classe média, de difícil conceituação sociológica dada sua complexa heterogeneidade. Pertencer à classe média tem a ver com a renda, e não necessariamente com a propriedade dos meios de produção ou com a força de trabalho. No caso do estamento, não é a renda que importa, mas o caráter de "fechamento" aos demais destituídos de "sobrenome", que é o que lhes garante exclusividade.

— 4.6.2 —
A ética protestante e o espírito do capitalismo

Em 1904, Weber escreveu a obra A *ética protestante e o espírito do capitalismo*, na qual fez uma importante análise sobre a influência da religião no desenvolvimento do capitalismo. Ao estudar as sociedades capitalistas, o autor percebeu a existência de valores e comportamentos comuns entre os homens de negócios, capitalistas, donos de indústria e trabalhadores qualificados. Eram pessoas muito disciplinadas, que prezavam pela poupança e tinham um grande apreço pelo trabalho. Empresários e funcionários priorizavam a técnica, a vida prática e o lucro, motivos pelos quais colocavam seus filhos em cursos técnicos, que tivessem retorno financeiro rápido. O teórico avaliou, ainda, que essas características não eram coincidências (Weber, 1992).

Em suas pesquisas, Weber observou que os valores do protestantismo foram essenciais para o desenvolvimento do capitalismo, pois a ética protestante colocava o trabalho como um dever, um fim em si mesmo, postulando que o crente trabalha incansavelmente, pois não vê o trabalho como um meio para alcançar outra coisa, mas o vê como bom em si mesmo. Nesse contexto, o trabalho tornou-se um valor típico do protestantismo, e nada mais adequado do que o trabalho, a poupança e o acúmulo do capital para desenvolver o capitalismo.

Quando fundou o protestantismo, as principais críticas de Martinho Lutero foram com relação às superstições da Igreja Católica quanto aos poderes sobrenaturais das relíquias, as indulgências e o culto às imagens. Com Lutero, passou a existir uma ênfase no chamado *desencantamento do mundo* em nome do fortalecimento racional da existência. Posteriormente, João Calvino defendeu a negação das paixões carnais e dos vícios e a valorização do trabalho racional metódico como meio de salvação da alma. Além dos valores do protestantismo, Weber (1980, p. 169) observou que o desenvolvimento do capitalismo foi um processo que ocorreu por meio da "empresa permanente e racional, da contabilidade racional, da técnica racional e do Direito racional. A tudo isso se deve ainda adicionar a ideologia racional, a racionalização da vida, a ética racional da economia".

Weber encontrou afinidades entre protestantismo e capitalismo analisando obras de puritanos e outros autores que faziam referência aos valores calvinistas, e fez referência a um documento escrito por Benjamin Franklin que expressava livremente o espírito do capitalismo como dever do trabalho e da acumulação:

> Lembra-te de que tempo é dinheiro; aquele que pode ganhar dez xelins por dia por seu trabalho e vai passear, ou fica vadiando metade do dia, embora não despenda mais do que seis pences durante seu divertimento ou vadiação, não deve computar apenas essa despesa; gastou, na realidade, ou melhor, jogou fora, cinco xelins a mais. Lembra-te de que o dinheiro é de natureza

prolífera, procriativa. Dinheiro gera dinheiro e seu produto pode gerar mais, e assim por diante. As mais insignificantes ações que afetem o crédito de um homem devem ser consideradas. O som do teu martelo às cinco horas da manhã, ou às oito horas da noite, ouvidos por um credor o fará conceder-te seis meses a mais de crédito; ele procurará, porém, por seu dinheiro de te vir numa mesa de bilhar ou escutar tua voz numa taverna, quando deverias estar no trabalho; exigi-lo-á de ti antes que possas dispor dele. (Weber, 1992, p. 29-30)

Não gastar para acumular: eis o que Weber (1992) chamou de *filosofia da avareza*. Tudo deveria servir a uma finalidade racional, mesmo o esporte não deveria nunca servir de diversão, mas para o restabelecimento da eficiência do corpo. Ao passo que a doutrina católica condenava o lucro e a usura como fraqueza moral, para os calvinistas, desejar ser pobre era comparável a desejar ser doente.

No catolicismo, a salvação da alma era um mecanismo de confissão, penitência e perdão, mediado por um padre confessor; no protestantismo, a salvação da alma estava em trabalhar sem descanso pela vontade de Deus. A fortuna era o sinal da salvação da alma, a prosperidade era o prêmio de uma vida santa. Se, para o catolicismo, o mal estava na posse e no acúmulo da riqueza, para o protestantismo estava em arruinar a riqueza em coisas fúteis, como o prazer, o luxo e a preguiça, de modo que a acumulação passou a fazer parte da conduta ética. Muitos magnatas norte-americanos, em razão da origem social baixa, escolheram não legar sua fortuna aos filhos antes que estes mesmos tivessem amealhado a própria fortuna pelos próprios esforços.

Como vimos anteriormente, o desencantamento do mundo foi um longuíssimo processo da cultura judaico/cristã, mas que, nos séculos XVI e XVII, consolidou-se como a marca da cultura ocidental. Weber (1992) considera o protestantismo a primeira religião moderna, porque suas práticas se embasam na racionalidade, dando origem a uma ética racional do trabalho, vida metódica que promove uma profunda negação das paixões carnais em nome de uma virtude racional.

A ética de vida baseada no trabalho metódico e racional que resultasse em prosperidade econômica seria um forte indício de se ter conseguido a salvação da alma. A culpa protestante é compensada com trabalho duro, ligado à ação de acumular e não gastar. O trabalho, agora dignificante, que enobrece quem dele se utiliza, pode mudar os destinos das pessoas. Ninguém está fadado a ser pobre ou rico por uma vontade de Deus, como queria fazer crer o dogma católico. Tudo depende da conduta racional e empreendedora do indivíduo.

A doutrina católica impõe que, para garantir a salvação da alma, basta a confissão a um padre intermediário (confessor) e o cumprimento da penitência. O pecado é absolvido via penitência, deixando o indivíduo apto a entrar no reino dos céus. No protestantismo, o crente fala diretamente com Deus, sem mediação de padre. O quanto ele conseguiu acumular em vida é que fará a diferença quando chegar o dia do julgamento final.

Esse tipo de conduta ascética pertence ao protestantismo original dos séculos XVI e XVII, embora sua influência tenha persistido até o início do século XX. O conceito weberiano de *ascese* resume uma série de condutas que são de racionalização da vida pessoal, da personalidade, de um estilo ser, oriundas do calvinismo, da noção de predestinação. Weber (1992) explica o comportamento ascético como uma tentativa de Calvino de resolver o dilema de Deus, que, sendo todo-poderoso, decide, ao criar a humanidade, quais serão salvos e quais serão condenados desde o início dos tempos. Nessa visão calvinista, entretanto, poucos se salvam em comparação aos condenados. A questão permanece: Por que Deus criaria a humanidade para condená-la ao inferno? Porque Deus quer. Assim, se de nada adiantam as rezas, as confissões, os arrependimentos e as penitências, resta aos fiéis trabalhar cada qual em sua profissão do modo mais racional possível.

Em sua obra, Weber (1992) chama esse comportamento de *ascetismo intramundano*, ou seja, se não tem como saber se está condenado ou salvo, trabalhando racionalmente no exercício da profissão, o indivíduo pode considerar-se salvo. O que os monges praticam dentro dos mosteiros, os exercícios de jejum, pouco sono e banhos frios também são uma ascese, só que extramundana, ou seja, é diferente desta que é aplicada ao trabalho. Aqui, trata-se de uma ascese laica, dentro do mundo. O trabalho passa a ser o meio da autodisciplina e do cumprimento da vontade de Deus. Esse é o teste para saber se está salvo.

O movimento das reformas protestantes iniciadas com Lutero e, posteriormente, com Calvino se encontrou com a lógica do capitalismo e o impulsionou. O espírito do capitalismo, segundo Weber (1992), é a dinâmica do próprio capitalismo. A ética protestante, para o autor, são os fundamentos religiosos do ascetismo laico, essa nova ascese, ou seja, outro entendimento do homem a respeito de sua prática. Essa ascese é a disciplina ética do crente calvinista, que deve organizar sua vida. Como há dúvida em relação à sua salvação e tampouco ela pode ser comprada, resta, então, a conduta disciplinada, sem procrastinações e sem vadiações.

Diferentemente da ascese católica, por exemplo, que afasta o indivíduo do mundo, fazendo-o viver uma vida espiritual (mosteiros, clausuras), na Reforma Protestante calvinista a ascese é tão somente a disciplina no trabalho. O trabalho que sempre foi malvisto na história, ora como punição, ora como coisa de gente inferior, doravante vai ser engrandecido, será uma libertação para todo e qualquer indivíduo que adote uma disciplina, não de orações e cultos, mas uma disciplina de amor ao trabalho.

Esse tipo de capitalismo que Weber estudou não tem nada a ver com as grandiosas relações mercantilistas. Ele vê um capitalismo pequeno das cidades, dos pequenos artesãos. Um capitalismo urbano nascente, entretanto, vai crescendo aos poucos e enriquecendo. A formação dessa burguesia acontece de forma paulatina, educando uma classe dominante para ser laboriosa, bem diferente da classe dominante feudal, parasita do trabalho dos servos. A burguesia trabalha todos os dias buscando a riqueza e poupando-a.

O traço racional definidor do capitalismo não é, portanto, o lucro. Weber (1992) afirmou que a ideia de lucro sempre esteve presente nas atividades humanas. Na Idade Média, existe o lucro, mas não há uma lógica que incentive o lucro. Aliás, o lucro e a usura eram veementemente condenados pela Igreja Católica. Portanto, a ética católica tem uma antipatia profunda pelo espírito do capitalismo, entre outras razões, pelo fato de o capitalismo, sendo um sistema impessoal, não permitir regulações ou intervenções por parte dela.

Longe desse aspecto conservador e regulador da Igreja, o que vai distinguir o capitalismo moderno é exatamente essa engrenagem em que ele se transformou a partir da separação entre a economia familiar e a empresa. Não é mais a produção agrícola feudal apoiada pela ética católica, mas a ideia de uma empresa permanente agindo. O sentido de *empresa* formulado por Weber (1992) é o de um *processo lógico*, um sistema com várias ideias, englobando a contabilidade racional, a empresa racional permanente e o direito racional.

No calvinismo, o traço mais valorizado da racionalidade capitalista é a parcimônia financeira, a precaução com a riqueza no sentido de guardar. Tudo deve ser poupado ou reinvestido nos negócios. A tudo isso se deve somar uma vida discreta com profundo discernimento para julgar onde o gasto deve ser feito. O espírito do capitalismo é a visão calculista da realidade, o melhor resultado com o menor gasto. O trabalho como vocação tem um impulso religioso que estimula o crente a buscar crescimento financeiro para se sentir, finalmente, um dos predestinados.

Vale notar, então, que Marx vê o trabalhador, e Weber vê o trabalho. A burguesia puritana tem no trabalho uma das mais virtuosas ações humanas. Essa ideia consolida uma sociedade do trabalhar, não da ociosidade. Voltamos a frisar, aqui, a alegoria da jaula de aço, usada por Weber, e que não se refere apenas à burocracia, mas ao capitalismo, que determina a vida de todos os indivíduos. A modernidade liberta o indivíduo, mas o indivíduo não escapa dessa ideia de trabalho como dever. A liberdade desaparece nessa lógica de ferro impessoal e individualista do sistema. Em sua análise, essas críticas ao capitalismo não assumem o mesmo peso dado por Marx (Löwy, 2014).

Weber é pessimista, mas não se coloca contra o capitalismo a ponto de cogitar sua superação, embora o descreva como um sistema de escravidão sem mestre. Diz ele que não são as pessoas que o comandam, é o próprio sistema que comanda desde empresários e banqueiros até os trabalhadores e desempregados. Weber faz parte da corrente do pessimismo cultural; ele não vê saída dessa jaula, ele é um pessimista conformado. A racionalização religiosa, que desencadeia e acompanha o Ocidente, supõe, também, a racionalização jurídica produzindo o desencantamento da lei e a abrigando no bojo do Estado moderno laicizado (Löwy, 2014).

Por *pessimismo cultural* entenda-se a corrente surgida no romantismo alemão na qual, dentro de algumas variações, encontra-se a Escola de Frankfurt, uma escola de inspiração marxista de pessimistas revolucionários, como Walter Benjamim. Weber encontra-se na linha conservadora, por ser um pessimista cultural resignado, que se sente condenado a viver nesse sistema fechado.

— 4.7 —
Sociologia jurídica em Max Weber

A sociologia jurídica de Weber é uma demonstração enciclopédica que abarca análises que vão muito além dos direitos romano, germânico, francês ou anglo-saxônico. Weber também faz referências aos direitos judaico, islâmico, hindu, chinês e, até mesmo, ao direito consuetudinário polinésio (Freund, 1987).

Por meio do método historicista, Weber expôs os fatores que ensejaram a racionalização do direito moderno no Ocidente. Vimos que o processo de racionalização é uma de suas grandes preocupações e que, para explicá-lo, o teórico lançou mão de elementos da economia, da religião e da política. A crescente racionalização é uma forma pela qual, na modernidade, os indivíduos guiam suas condutas, buscando orientar-se a partir de princípios lógicos e racionais ou, ainda, em explicações desencantadas do mundo.

Na obra *Economia e sociedade* (2004), Weber fala da economia e das ordens e dos poderes sociais, utilizando muito de sua formação em direito para comentar as relações dos entes públicos e privados. Para ele, o direito, a convenção e os costumes não são os únicos poderes com os quais se pode contar como garantidores do comportamento do indivíduo.

Não é possível que um indivíduo aliene sua vontade unicamente em razão de um costume ou dos valores vigentes. Os indivíduos, para Weber (2004), tendem a agir mais de acordo com a situação do que conforme os valores existentes. Esse tipo de conduta aparece mais nas situações econômicas nas quais o indivíduo se orienta de acordo com o grau de escassez dos provimentos.

— 4.7.1 —
Definição de *direito*

Weber contribuiu para a sociologia jurídica ao fazer uma distinção entre esta e a dogmática jurídica (Freund, 1987). O dogmatismo jurídico, para o teórico, faz utilização do método lógico-normativo, ou seja, a dogmática pretende ver o sentido intrínseco da lei, procura dar-lhe o significado legal/ilegal. Seu grande instrumento é a hermenêutica (regras de interpretação).

Já a sociologia jurídica busca compreender o que essa lei produz no comportamento do grupo, isto é, verifica a crença em sua validade ou na ordem que essa lei emana. O método aqui é o empírico-causal. As pessoas, nota Weber, respeitam as leis sem mesmo conhecerem seu conteúdo ou sua vigência. É o comportamento dos indivíduos frente ao conjunto das leis que interessa ao sociólogo (Freund, 1987).

O jurista, diz Weber, vê o Estado como personalidade moral (assim como o homem tem personalidade moral), e o sociólogo o vê como forma de representação que os homens fazem dele (do Estado, podendo ter orgulho ou repulsa). Para Weber, só é direito aquilo que tem garantia exterior de validade, ou seja, pelo constrangimento. É o aparelho de coerção que dá validade última ao direito, e, assim, Weber não vê validade no direito internacional em razão da ausência de coerção.

— 4.7.2 —
Análises das distinções dogmáticas do direito

Weber destaca quatro distinções clássicas do direito feitas pela dogmática jurídica (Freund, 1987). Essas distinções são, por comodismo, mais didáticas, porém sem critérios satisfatórios para uma análise sociológica do direito:

1. **Direito público *versus* direito privado**: distinção conceitual. A dogmática tem ao menos três critérios para fazer essa primeira distinção:
   - É possível dizer que *direito público* são leis que regulam a atividade do Estado, e o privado é aquilo que não regula o Estado.

- O direito público são normas só de uso do Estado, e as normas que não são de uso do Estado se perfazem no que se chama de *direito privado*.
- No direito privado, as partes estão em condições de igualdade, e no direito público há relação de hierarquia (mando e obediência). O direito público é, portanto, é toda a ação que refere à conservação, à manutenção e ao prolongamento dos poderes estatais. Trata-se do direito que se baseia na vontade dos cidadãos.

Weber valida a tese de Montesquieu de que somente a divisão de poder torna possível o direito público (Freund, 1987). Em um Estado no qual o mandatário controla o Poder Judiciário, o Executivo (que já é dele) e o Legislativo, não há possibilidade de haver direito público. Há, tão somente, o direito privado, ou seja, a vontade do mandatário, como acontecia nas monarquias absolutas.

2. **Direito positivo *versus* direito natural**: o direito positivo dá origem às instituições e, em regra, à cientificidade institucional. Fornece os dados necessários dos quias se ocupa o sociólogo, já que as inter-relações entre as instituições e os indivíduos dão sentido ao comportamento. No entanto, para uma sociologia jurídica compreensiva, diz Weber (Freund, 1987), o direito natural também deveria ser ponderado, pois entra aqui o critério religioso, as condições materiais pessoais etc., ou seja, um conteúdo extrajurídico, mas que é capaz de influenciar o comportamento.

3. **Direito formal *versus* direito material**: o direito material é de conteúdo circunstancial, casuístico. Leva em conta o conteúdo extrajurídico considerando os valores éticos, políticos, econômicos, religiosos etc. Pondera, portanto, as condições materiais de existência da pessoa. Já o formal se atém às regras, à sistematização, ao conjunto de normas abstratas. O direito formal é produto do positivismo jurídico, e o material, do direito natural; as resoluções dos casos concretos levam ambos em consideração, porém nunca em um estágio perfeito. De acordo com o direito formal de uma legislação trabalhista, por exemplo, um trabalhador deve ser protegido pelos seus direitos, mas, muitas vezes, ele renuncia a certos benefícios porque tem receio de perder o emprego. Weber observa que a relação empregador/empregado é díspar, ou seja, uma relação assimétrica de poder. Por outro lado, o juiz, que julga apenas pela verdade formal sem se ater à realidade material, comete um retrocesso de ordem humana. A menção ao direito material, aqui, é equivalente ao direito natural mencionado anteriormente. Weber fala dos critérios de distinção feitos pela dogmática, por isso não é uma repetição, mas apenas outra forma de distinção.

4. **Direito objetivo *versus* direito subjetivo**: direito objetivo é o conjunto de leis gerais que valem para todos do grupo. Direito subjetivo é a faculdade que a pessoa tem de fazer valer seu direito contra quem quer que seja, inclusive contra o Estado. Pelo direito subjetivo, uma pessoa dispõe de poder para usar

sobre outra pessoa ou coisa (a propriedade é um caso). Por exemplo: a pessoa tem direito a não ter seu domicílio violado pelo Estado; este só pode adentrar no domicílio sob determinadas regras e em determinados circunstâncias. Direito do sujeito, o direito subjetivo é uma garantia de subsistência do indivíduo e irradia-se para a subsistência da própria sociedade. O Estado Democrático de Direito é o garantidor do direito subjetivo, significando que o indivíduo não está à sorte do arbítrio.

Weber se refere ao fato de muitos operadores do direito decidirem distanciados da sociologia. Muitas vezes, o julgador, o juiz, o advogado, o promotor esquecem que a sociedade está em transição, tendendo a considerar apenas o que está na lei constituída. Nesse caso, Weber diz que certos operadores do direito tendem a impedir o avanço da própria civilização humana. A lei, na perspectiva weberiana, deveria ser algo que faça sentido em um tempo e lugar, e não a perpetuação de leis defasadas que não olham para a realidade. O juiz que julga apenas pela verdade formal, sem se ater à realidade material do ser do processo, comete um retrocesso na ordem humana.

— 4.7.3 —
Os quatro tipos puros do direito

A tarefa da sociologia jurídica, neste tópico, é compreender o movimento de racionalização do direito sem, contudo, fazer julgamento de valor. Weber, a partir dos "tipos ideais", faz uma escala do direito, do antigo ao moderno, do irracional para o racional (Freund, 1987).

1. **Direito irracional e material**: quando o operador ou aplicador da lei se fundamenta em valores emocionais, sem lhe socorrer qualquer norma; por exemplo, a justiça feita por um déspota (Freund, 1987).
2. **Direito irracional e formal**: o julgador se deixa levar por normas que escapam à razão, sendo advinda do sobrenatural, com fulcro na revelação. Mas há uma norma, ainda que advinda do divino (Freund, 1987).
3. **Direito racional e material**: a legislação existe, é uma ideologia política ou religiosa, baseada na Bíblia, no Corão etc. (Freund, 1987).
4. **Direito racional e formal**: o juízo é feito com base em técnicas e no pensamento jurídico, com leis em abstrato para aplicação ao caso concreto. É o direito racional moderno. Mesmo se deixando racionalizar, ambos mantêm elementos irracionais, por exemplo, o juramento (Freund, 1987).

— 4.7.4 —
Racionalismo e irracionalismo do direito

O direito surgiu da necessidade de subsistência humana. Para a existência social, era preciso que houvesse a coesão do grupo, com criação de regras cuja obediência manteria o destino e a existência do grupo. Portanto, a obediência era uma imposição, e sua transgressão era combatida com a coerção.

Entretanto, o direito não surgiu racionalmente. As leis primitivas tinham caráter mágico, religioso, arrimado nos costumes e ritos; os homens estavam na natureza, o horizonte humano estava na natureza caprichosa e ameaçante, considerada sagrada e com "vontade própria".

Weber pensou poder afirmar que o direito primitivo tinha, em geral, caráter carismático, por ser objeto de uma divinização por parte dos anunciantes ou profetas do direito, que interpretavam a vontade divina, de sorte que a obrigação da lei era obra não da vontade humana, mas sim do sobrenatural. O temor de Deus imprimia força à decisão. O Decálogo e o Corão são exemplos disso (Freund, 1987).

O fato é que esse direito é irracional por não ser produto da razão humana. Não é a razão a sua fonte de sustentação. A classificação racional/irracional é meramente temporal, pois, quando dizemos *irracional*, é porque esse direito não se embasa em textos ou técnicas jurídicas. Por outro lado, Weber diz que o direito atual (racional) e o irracional não tiveram evolução de um para outro, pois ambos se fundam no mesmo binário: obediência comum e coerção para condutas desviantes.

O direito irracional dos profetas, xamãs, magos, foi substituído pelo direito das togas, feito pela jurisprudência e pela doutrina, ou seja, pela técnica sistêmica, no sentido de ser autossuficiente. É o império da lógica. Nota Weber, porém, que o caráter carismático e irracional do direito persiste, de modo discreto, nos países anglo-saxônicos:

> Blakstone fala de um juiz inglês como de um "oráculo vivo". O mesmo acontece com o juiz americano, cujo julgamento é uma verdadeira criação, a ponto de se ligar seu nome à decisão que ele tomou. De modo geral, a persistência do júri é uma sobrevivência da irracionalidade do direito. (Freund, 1987, p. 187)

O direito primitivo, baseado na metafísica, era consuetudinário, tinha origem nos costumes, já o direito atual é baseado na anterioridade e na formalidade técnica. O direito racional implica a aplicação de uma norma geral ao caso particular, vinculado com a ideia de subjetivismo (direito subjetivo, do indivíduo). Para o irracional, fundado no sagrado, pouco importa o subjetivismo: no formalismo primitivo (direito sagrado), o "legislador" ou o aplicador de lei não queria saber se o ato era justo ou não; estava mais interessado na prática ritualística de perguntar aos poderes sobrenaturais.

O aperfeiçoamento do primitivismo jurídico levou a um aperfeiçoamento da técnica ritualística, criando o que se denominou *tradição* (aqui baseada na representação religiosa), que facilitaria a vida do aplicador carismático do direito, pois ele apenas repetiria o rito nos casos semelhantes.

A racionalização foi aprimorada com o tempo e surgiram, em Roma, os jurisconsultos, pessoas consideradas sábias na dicção do direito. Já começa a existir uma técnica racionalizada e uma sistematização. Ainda persistia o caráter formal e o carismático. Havia outros fatores, como a guerra e o intercâmbio comercial, que moldaram as condições de existência do grupo e tornaram o direito complexo, racionalizado.

Na crescente ordem e diante da demanda por eficiência, o administrador valeu-se da necessidade de um formalismo mais rígido e de um direito como sistema fechado, em obediência à lógica, para garantir decisões igualitárias e manter a liberdade dos indivíduos, tendo em vista o interesse da coletividade. Foi necessário dominar o aparato judiciário e surgiu o interesse pela justiça material, no sentido de regular com objetividade e justiça os conflitos de interesses individuais, bem como os que podiam colocar em choque a coletividade com os indivíduos (Freund, 1987).

Para Weber, entretanto, a coerência absolutamente lógica e sistemática do direito é uma ficção, porque não existe teoria jurídica pura e sem falhas, sendo o papel da sociologia jurídica o de compreender os conflitos surgidos da incompatibilidade entre o aspecto formal e o aspecto material, sem se deixar influenciar pelas disputas dogmáticas dos profissionais do direito (Freund, 1987).

Em uma sociedade democrática, aquilo que garante o direito não deve ser a objetividade e a coação física do Estado, mas a coação jurídica da lei, a força da lei agindo no interesse do indivíduo, o que significa dizer que o direito deve ser garantido mais subjetivamente do que objetivamente. O indivíduo não deve obedecer à lei por medo da violência do Estado, mas por sua escolha subjetiva, porque obedecer à lei lhe interessa.

Considerações finais

Nesta obra, estudamos Durkheim, Marx e Weber, que são os grandes clássicos do pensamento sociológico. No entanto, cabe refletirmos sobre o termo *pensamento clássico*, que é aquele com o qual podemos interagir e que terá sempre algo a nos dizer, mesmo que tenha sido formulado há muito tempo. O clássico é sempre objeto de uma releitura, e cada geração relerá o clássico à sua maneira, a partir de questões próprias, porque é nelas que o clássico renasce, revive e, nesse horizonte de significação, é reinterpretado.

Portanto, essa tríade fundadora da sociologia sempre vai trazer questões vivas, questões que tocam a humanidade. Nesse sentido é que se diz que o caráter anacrônico dos clássicos se desfaz à medida que oferece para o leitor de qualquer época uma alteridade que propicia o conhecimento de nós mesmos em sociedade. A alteridade dos clássicos permite que questionemos a nossa realidade e, também, a nós mesmos.

Ler os clássicos pode tanto ser prazeroso quanto doloroso. Se eles nos levam ao conhecimento, ao mesmo tempo nos obrigam a cada vez mais buscar respostas onde, às vezes, não imaginamos, ou, mesmo, a abandonar teses. Os clássicos nos ajudam a responder e a fazer perguntas, na medida em que mostram as conexões que constituem nossa própria vida e nos fazem formar julgamentos melhores, sabendo diferenciar um entulho do ouro.

Ler os clássicos não significa ler autores com os quais se concorda, pois eles estão acima do gosto pessoal. Não se lê um clássico buscando encontrar ideias que confirmem o que já se sabe, mas sim para expandir, entrar em contradição, abrir brechas, a fim de que a mente enxergue mais e além do mundo particular do leitor. E foi isso que buscamos aqui, trazer esses pensamentos "perpétuos" para os dias atuais, de forma relacionada à realidade do direito contemporâneo.

Vimos, ao longo desta obra, que a sociologia apresenta múltiplas interpretações com as quais o direito pode ser trabalhado. Existem estudos que se atêm aos aspectos técnicos formais do direito, como norma, outros se aprofundam na dimensão axiológica do direito, dos valores éticos, de igualdade, de justiça ou de legitimidade. Contudo, há outras correntes que estudam o direito como produto direto do fato social, isto é, como produto da sociedade ou, mais ainda, como fenômeno cultural. Essa visão integradora do direito quebra a hegemonia da visão que abrange apenas a dimensão normativa e positivista e apresenta outro direito, produto das contradições e dos conflitos sociais. Essa visão questionadora apresenta o direito não só como produto da lei escrita estatal, mas também como instrumento de emancipação social, para além do monopólio dos letrados e esclarecidos do direito.

Na atualidade, há uma reação crescente ao formalismo jurídico, chamada por alguns juristas publicistas e sociólogos do direito de *reação pluralista*, mostrando que o formalismo exacerbado impede que aspectos sociais entrem na análise na norma. O movimento pluralista do direito é a resposta de um mundo de avanços da ciência com novas e múltiplas realidades, como a biodiversidade, o desenvolvimento sustentável, a bioética, a engenharia genética, que causaram impacto na velha teoria do direito. Muda-se o foco. A perspectiva não é mais sobre a propriedade privada, mas sobre a vida humana, em sua dimensão plena. A vida humana com dignidade.

Nessa perspectiva, a teoria do direito caminha enfrentando a crise do acesso à justiça e abrindo caminho para mudanças de paradigmas. Juristas e sociólogos apontam para a necessidade de um avanço para outras formas de alcançar a cidadania, como a própria democracia participativa no lugar do paradigma da representação. Não se está aventando a mudança, mas a ampliação do modelo de democracia representativa burguesa para uma democracia popular.

Muitos operadores do direito, denominados *pós-positivistas*, com elevado senso de justiça, surgem para refletir os impasses de uma normatividade muito desconectada da realidade social, trazendo respostas imediatas para a prática social. Para isso, é necessária uma tomada de consciência por uma hermenêutica crítica, que vise buscar alternativas mais sociais para o direito, constituindo-se em práticas na formação acadêmica dos alunos por meio de textos de sociologia, filosofia e antropologia que levem ao questionamento das ideologias que estão por trás dos códigos, dos textos positivos e do papel dos operadores do direito.

Essa interdisciplinaridade no âmbito do direito é edificante, pois desencadeia tendências inovadoras, flexíveis, de arejamento, que vão influenciar o campo da hermenêutica jurídica. Essa reflexão profunda sobre o direito positivo vem desmistificar o discurso jurídico de legitimação do poder, além de influenciar, no curso de Direito, a introdução de disciplinas mais críticas, mais sociológicas, mais vinculadas à realidade social do país, propiciando uma mudança de mentalidade, outra perspectiva no campo do ensino do Direito.

Na prática, essa mudança desemboca na geração de profissionais do direito com uma visão mais comprometida com a sociedade, mais aberta, menos dogmática, de juízes, promotores e advogados pelo Brasil, em associações populares, democráticas e alternativas. Nas universidades, observa-se também um campo que se abre a essas tendências com as chamadas *assessorias jurídicas universitárias*, de atuação junto às comunidades, reflexos de uma inquietude social por parte de atores do direito preocupados com os rumos do país, com a justiça. A importância da hermenêutica jurídica está em seu papel crítico social e na interdisciplinaridade para um direito aberto a outras áreas e em diálogo com a sociedade.

Referências

ALEXY, R. **Conceito e validade do direito**. São Paulo: M. Fontes, 2009.

ARON, R. **As etapas do pensamento sociológico**. São Paulo: M. Fontes, 2002.

BAUMAN, Z. **Vida para consumo**: a transformação das pessoas em mercadoria. Rio de Janeiro: Jorge Zahar, 2008.

BOBBIO, N. **O positivismo jurídico**. São Paulo: Ícone Editora, 1996.

COHN, G. (Org.) **Weber**. São Paulo: Ática, 1991. (Coleção Grandes Cientistas Sociais).

COMTE, A. **Catecismo positivista**. Seleção de textos de José Arthur Giannotti. São Paulo: Abril Cultural, 1978. (Coleção Os Pensadores).

DURKHEIM, É. **O suicídio**. São Paulo: M. Fontes, 1995.

DURKHEIM, É. **A educação moral**. São Paulo: Edipro, 2018.

DURKHEIM, É. **As formas elementares da vida religiosa**. São Paulo: Edições Paulinas, 1989.

DURKHEIM, É. **As regras do método sociológico**. 17. ed. Tradução de Maria Isaura Pereira de Queiroz. São Paulo: Companhia Editora Nacional, 1990.

DURKHEIM, É. **Da divisão do trabalho social**. São Paulo: M. Fontes, 2010.

DURKHEIM, É. **Educação e sociologia**. São Paulo: Melhoramentos, 1978.

DWORKIN, R. **Levando os direitos a sério**. São Paulo: M. Fontes, 2010.

ENGELS, F. **Do socialismo utópico ao socialismo científico**. São Paulo: Edipro, 2017.

ENTREVISTA com José – Uruguai – #Human. 2015. Disponível em: <https://www.youtube.com/watch?v=FpfsXQKG8vY>. Acesso em: 15 maio 2021.

FARIA, J. E. **Eficácia jurídica e violência simbólica**: o direito como instrumento de transformação social. São Paulo: Ed. da USP, 1988.

FEUERBACH, L. **A essência do cristianismo**. Petrópolis: Vozes, 2007.

FRANÇA. **Declaração dos Direitos do Homem e do Cidadão**. 1789. Disponível em: <http://www.direitoshumanos.usp.br/index.php/Documentos-anteriores-%C3%A0-cria%C3%A7%C3%A3o-da-Sociedade-das-Na%C3%A7%C3%B5es-at%C3%A9-1919/declaracao-de-direitos-do-homem-e-do-cidadao-1789.html>. Acesso em: 15 maio 2021.

FREUND, J. **Sociologia de Max Weber**. Rio de Janeiro: Forense-Universitária, 1987.

GIDDENS, A. **Sociologia**. Porto Alegre: Penso, 2012.

HEGEL, W. **Fenomenologia do espírito**. Petrópolis: Vozes, 2014.

HEGEL, W. **Princípios da filosofia do direito**. São Paulo: M. Fontes, 1997.

HEILBRONER, R. L.; MILBERG, W. **A construção da sociedade econômica**. Porto Alegre: Bookman, 2008.

HOBSBAWM, E. **A era das revoluções 1789-1848**. Rio de Janeiro: Paz e Terra, 2014.

HUNT, E. K. **História do pensamento econômico**: uma perspectiva crítica. Rio de Janeiro: Elsevier, 2005.

KANT, I. **Crítica da razão pura**. São Paulo: Abril Cultural, 1980. (Coleção Os Pensadores).

KELSEN, H. **Teoria pura do direito**. São Paulo: M. Fontes, 1991.

KONDER, L. **O que é dialética**. São Paulo: Brasiliense, 1981.

LÖWY, M. **A jaula de aço**: Max Weber e o marxismo weberiano. São Paulo: Boitempo, 2014.

LYRA FILHO, R. **Karl, meu amigo**: diálogo com Marx sobre o direito. Porto Alegre: Fabris, 1983.

LYRA FILHO, R. **O que é direito**. São Paulo: Brasiliense, 1995.

MARX, K. **Crítica da filosofia do direito de Hegel**. São Paulo: Boitempo, 2010.

MARX, K. **O 18 Brumário**: Cartas a Kugelmann. Rio de Janeiro: Paz e Terra, 1978.

MARX, K. **O capital**: crítica da economia política. São Paulo: Civilização Brasileira, 1981. Livro III.

MARX, K. **O capital**: crítica da economia política – o processo de produção do capital. São Paulo: Boitempo, 2011.

MARX, K. **Prefácio à contribuição para a crítica da economia política**. 2. ed. São Paulo: Expressão Popular, 2008.

MARX, K. **Manuscritos econômicos-filosóficos (primeiro manuscrito)**. São Paulo: Boitempo Editorial, 2004.

MARX, K. ENGELS, F. **A ideologia alemã**. São Paulo: Hucitec, 1993.

MARX, K.; ENGELS, F. **Manifesto do partido comunista**. Petrópolis: Vozes, 1988.

NUNES, A. **Os sistemas econômicos**. Lisboa: Arco da Almedina, 1997.

PACHUKANIS, E. B. **Teoria geral do direito e o marxismo**. São Paulo: Boitempo, 2017.

PEREIRA, F. **Karl Marx e o direito**: elementos para uma crítica marxista do direito. Salvador: Lemarx, 2019.

PIKETTY, T. **O capital no século XXI**. Rio de Janeiro: Intrínseca, 2014.

QUINTANEIRO, T.; OLIVEIRA, M. G. M; BARBOSA, M. L. O. **Um toque de clássicos**: Durkheim, Marx e Weber. Belo Horizonte: Ed. da UFMG, 1995.

REALE, G., ANTISERI, D. **História da filosofia**: do humanismo a Descartes. São Paulo: Paulus, 2004.

SABADELL, M. L. **Manual de sociologia jurídica**. São Paulo: Revista dos Tribunais, 2005.

SELL, C. E. **Sociologia clássica**: Marx, Durkheim e Weber. Petrópolis: Vozes, 2009.

SMITH, A. **A riqueza das nações**. Rio de Janeiro: Nova Fronteira, 2017. Livro I.

WEBER, M. **A ética protestante e o espírito do capitalismo**. São Paulo: Pioneira, 1992.

WEBER, M. **Ciência e política**: duas vocações. São Paulo: Cultrix, 1993.

WEBER, M. **Economia e sociedade**: fundamentos da sociologia compreensiva. Brasília: Ed. da UnB, 2004. v. 1.

WEBER, M. **Ensaios de sociologia**. Rio de Janeiro: Guanabara, 1982.

WEBER, M. **Origem do capitalismo moderno**. Tradução de Maurício Tragtemberg et al. São Paulo: Abril, 1980. (Coleção Os Pensadores).

Sobre a autora

Regina Paulista Fernandes Reinert é graduada em Ciências Sociais (1998) pela Universidade Federal do Paraná e mestre em Sociologia (2000) pela mesma instituição. Tem experiência nas áreas de antropologia social, sociologia jurídica, antropologia jurídica, sociologia clássica e contemporânea, filosofia clássica e moderna. É autora do livro *Política e cidadania* (2020) e foi professora na graduação de Comunicação Social e Direito da Universidade Tuiuti do Paraná, além de professora de pós-graduação na Faculdade de Administração e Economia (FAE) e no Instituto de Consultoria Empresarial, Educacional e Pós-Graduação (Icep). Atualmente, é professora do Centro Universitário Internacional Uninter.

Impressão:
Maio/2021